Transfer-Bilder

Deko-Ideen mit originellen Motiven

Isabel de Cordova
Fotografien von Sue Wilson

:Haupt

Inhalt

6 Einführung

8 Los geht's

10 Materialien und Oberflächen

14 Wo finde ich Bilder?

16 Stil der Bilder und ihre Bearbeitung

20 Projekte

22 Gardine mit Blüten

26 Leinwandkunst

30 Gemusterte Bettwäsche

34 Schuhbeutel aus Leinen

38 Rosenkissen

42 Frühstücksteller

46 Pasta-Schüssel

50 Kaktusvase

54 Goldfischvase

58 Box für Kosmetiktücher

62 Tablett

66 Lampenschirm

70 Keksdose

74 Kerzenhalter aus Stein

78 Tischset mit Blumen

82 Mousepad

86 Vorlagen für die Projekte

94 Index

96 Danksagung und Bezugsquellen

Sternanis ist ein wunderbares Gewürz und wirkt als Bild auf Trinkgläsern sehr attraktiv.

Einführung

Bilder auf Einrichtungsgegenstände zu übertragen, ist der neue Trend in der Innendekoration. Sie können Bettwäsche mit Mustern verschönern oder Herbstblätter auf einem Lampenschirm festhalten und so Ihr Heim ganz persönlich gestalten. Zu diesem Zweck können Fotos, Zeichnungen, Noten, Buchstaben und sogar echte Blumen und Blätter verwendet werden. Schauen Sie sich um und lassen Sie sich inspirieren.

In diesem Buch wird gezeigt, wie Sie alltägliche Objekte wie Geschirr oder Kissen, ja selbst Mousepads in originelle Gegenstände verwandeln können. Mit Transfer-Bildern können Sie verschiedenste Oberflächen einschließlich Stoff, Keramik, Metall, Holz, Stein und Glas ganz persönlich gestalten. Wie umfangreich diese Projekte sind, hängt ganz von Ihnen ab – ob Sie einen Blickfang für Ihren Tisch kreieren wollen oder aufeinander abgestimmte Gardinen, Kissen und Bettwäsche, mit denen ein Gesamtthema für das Zimmer geschaffen wird.

Wenn Sie sich in Geschäften umsehen oder Lifestyle-Magazine durchblättern, werden Sie feststellen, dass das Übertragen von Fotos auf die verschiedensten Gegenstände eine sehr beliebte Dekorationsform geworden ist. Es ist ganz einfach, so der eigenen Umgebung zu einem neuen Look zu verhelfen.

Der große Vorteil der Transfer-Technik liegt in ihrer Einfachheit, und sie brauchen keine besondere künstlerische Begabung dafür. Das Verfahren bietet eine gute Möglichkeit, Haushaltsartikel mit Leichtigkeit persönlich zu gestalten, egal ob sie für den eigenen Gebrauch oder als originelle Geschenke für Freunde und Verwandte gedacht sind. Einige Projekte sind etwas zeitaufwändiger – so dauert es beispielsweise länger, die Gardinen mit den herabfallenden Blütenblättern (Seite 22) herzustellen als die Goldfischvase (Seite 54). Einige Projekte verlangen Fingerfertigkeit, aber im Grunde sind alle recht einfach.

Das Schönste dieser Technik ist, dass man persönliche Fotos und Bilder dabei verwenden kann. Ich liebe es, meine Fotos auf originelle Weise zu präsentieren. So können Familienbilder auf Kaffeetassen übertragen werden oder eine Kinderzeichnung auf die Nachttischlampe. Auch wenn Sie Ihre Urlaubsfotos lieber in der Schublade lassen, können Sie dennoch mit dieser Technik arbeiten, denn es gibt eine Fülle von Motiven, die ideale Transfer-Bilder ergeben. Sie könnten beispielsweise Blätter oder Blumen fotokopieren und diese auf verschiedene Gegenstände übertragen. Am Schluss des Buchs finden Sie einige Bilder, die ich für die hier vorgestellten Projekte verwendet habe. Das Übertragen von Bildern ist eine sehr persönliche Technik, und Sie sollten solche Bilder auswählen, die Ihrem persönlichen Stil entsprechen.

Das Buch stellt sechzehn Projekte mit leicht verständlichen Anweisungen vor, die Schritt für Schritt all die verschiedenen Möglichkeiten umfassen, die es beim Übertragen eines Bildes gibt. Wenn Sie erst ein Gefühl für diese Technik gewonnen haben, hoffe ich, dass Sie sich zu eigenen Experimenten inspirieren lassen.

ISABEL DE CORDOVA

Los geht's

Materialien & Oberflächen

Sie können Bilder auf verschiedenste Materialien übertragen, um Ihre Wohnung zu dekorieren oder einfallsreiche persönliche Geschenke zu gestalten. In diesem Buch finden Sie Beispiele für die unterschiedlichen Übertragungstechniken sowie Informationen zu den Oberflächen, für die sie geeignet sind.

Es gibt mehrere Möglichkeiten, ein Bild auf eine Oberfläche zu übertragen, aber die Grundtechnik ist immer dieselbe. Kopieren Sie das ausgewählte Bild mit einem Farbkopierer auf Transfer-Papier. Dann gibt es verschiedene Methoden, das Transfer-Papier auf Keramik, Glas, Stoff, Holz, Metall, Papier und Kunststoff zu übertragen.

Der »Schuhbeutel aus Leinen« (Seite 34) ist das einzige Projekt, bei dem kein Transfer-Papier, sondern eine Transferpaste verwendet wird, mit der man die Farbe eines Fotos auf den Stoff übertragen kann.

Auf Seite 96 finden Sie Bezugsquellen für Transfer-Papier (Nassverfahren) und Transferpaste.

Übertragungsmethoden

Transfer-Papier für das einfache Nassverfahren

Diese Methode ist für Papier, Kunststoff, Glas, Keramik, mit Stoff bezogene Leinwand und für Metall geeignet. Tauchen Sie die Bilder auf dem Transfer-Papier in Wasser oder tupfen Sie mit einem nassen Schwamm darüber. Dann ziehen Sie die Papierrückseite ab und bringen das Bild auf der gewünschten Oberfläche an. Glas, Metall und Keramik können dann im warmen Backofen erhitzt werden, damit sie die Bilder besser annehmen; diese Objekte sind allerdings nicht spülmaschinenfest.

Transfer-Papier für das Nassverfahren mit Terpentin

Diese Technik kann bei Papier, Kunststoff, Holz und Stein eingesetzt werden. Dazu wird eine dünne Schicht Terpentin auf die Oberfläche aufgetragen, die mit dem Bild verziert werden soll. Dann wird das Transferbild aufgebracht. Wenn die Oberfläche ziemlich rau ist, füllen Sie ein Pumpsprühgerät mit Terpentin und sprühen das Transferbild leicht ein. So verschmilzt das Bild mit den Vertiefungen.

Transfer-Papier für das Nassverfahren mit Kleber

Diese Methode wird bei absorbierenden Oberflächen wie Leinwand und Papier angewendet und entspricht der für das Nassverfahren. Der Unterschied ist, dass eine dünne Schicht PVA-Kleber (Polyvenyl-Acetat, Weißleim), 50 % wasserverdünnt, auf die Oberfläche gestrichen wird, bevor die Transfer-Bilder aufgebracht werden. Mit dem Leim kleben die Bilder auf absorbierenden Oberflächen fest und lassen sich leichter verschieben und positionieren.

Aufbügeln von Transfer-Papier für das Nassverfahren

Dabei wird ebenfalls Transfer-Papier für das Nassverfahren eingesetzt, die Bilder werden aber auf den Stoff gebügelt. Dann wird die Papierrückseite mit Wasser aufgeweicht und abgehoben, sodass das übertragene Bild sichtbar wird. Da das Bild mit der Vorderseite nach unten aufgetragen wird, muss es vor dem Kopieren eventuell umgedreht werden.

Transfer-Papier zum Aufbügeln

Bei dieser Methode wird ein Transferbild direkt auf den Stoff aufgebügelt. Anschließend wird die Papierrückseite vorsichtig abgezogen. Gescannte Bilder werden direkt auf mit dem Drucker kompatible Transferfolien gedruckt. Wenn Sie keinen Computer, Scanner und Drucker besitzen, wenden Sie die Aufbügelmethode mit Transfer-Papier für das Nassverfahren an.

Transferpaste

Diese Methode ist nur für Stoffe aus Naturfasern geeignet. Bevor Sie beginnen, legen Sie ein Stück Alufolie unter den Stoff. Ein ausgeschnittenes, mit einem Farbkopierer kopiertes Bild (Bildseite oben) legen Sie auf ein anderes Stück Alufolie und verteilen die Transferpaste auf dem Bild. Legen Sie das Bild (Vorderseite unten) auf den Stoff und drücken Sie es gut fest, um sicherzugehen, dass es gut fixiert ist. Entfernen Sie überschüssige Paste und lassen Sie das Ganze trocknen.

Mit einem Schwamm feuchten Sie später die Papierrückseite mit Wasser gut an, dann reiben Sie die Rückseite mit der Fingerspitze ab, sodass das Bild sichtbar wird. Lassen Sie das übertragene Bild trocknen und tragen Sie anschließend eine weitere Schicht Paste auf, um das Bild zu versiegeln.

Oberflächenstruktur

Auf glatt strukturierte Materialien lassen sich Bilder am einfachsten übertragen. Bei Stoff erzielt man die besten Ergebnisse, wenn Transfer-Bilder auf glatt gewebte Stoffe übertragen werden. Stoffe mit erhabener Oberfläche wie beispielsweise Frottee und Samt sind daher für Transfer-Bilder nicht geeignet. Glücklicherweise können mit Hilfe von Terpentin (Seite 10) andere Materialien mit leicht erhabener Oberfläche wie zum Beispiel Holz und Stein verwendet werden, da das Terpentin ein Verschmelzen der Transfer-Bilder mit den Oberflächenstrukturen gewährleistet.

Oberflächenfarbe

Da Transfer-Bilder leicht transparent sind, wirken sie auf einem hellen Hintergrund meist am besten. Ein dunkler Hintergrund wird immer durch das Transfer-Bild hindurch scheinen. Dieser Effekt kann genutzt werden, um den Hintergrund absichtlich in das Bild einzubeziehen, wie beim Rosenkissen (Seite 38) und beim Tablett (Seite 62). Denken Sie immer daran, dass ein farbiges Transfer-Bild auf einem farbigen Hintergrund eine dritte Farbe hervorbringt. Wenn Sie sich nicht sicher sind, was sich aus der Farbmischung ergibt, testen Sie das Transfer-Bild zuvor besser auf einem Hintergrund mit ähnlicher Farbe.

Pflege von Transfer-Bildern auf Stoff

In den meisten Fällen kann der Stoff leicht von Hand oder im Schongang in der Waschmaschine gewaschen werden. Richten Sie sich immer nach den Anweisungen des Herstellers des Transfer-Papiers. Wenden Sie den Artikel vor der Wäsche von innen nach außen oder geben Sie ihn in einen Stoffbeutel, um das Bild zu schützen. Nach dem Waschgang bügeln Sie den Artikel vorsichtig, um die Bilder zu fixieren. Legen Sie dabei ein Stück Backpapier auf das Bild, um es zu schützen und zu verhindern, dass es schmilzt. Falten Sie die Artikel nicht im Bereich der Bilder, da diese sonst Risse bekommen können.

Wo finde ich Bilder?

Ein Transfer-Bild auszuwählen, kann ein schwieriges Unterfangen sein, meistens muss man längere Zeit suchen. Fotos können eine sehr gute Motivquelle sein, aber man kann auch anderes wie beispielsweise Zeichnungen, Tapeten, Stoffmuster, Noten, Handschriftliches und selbst dreidimensionale Objekte wie Blätter oder Federn verarbeiten.

Ein Bild auswählen

Bilder auf jedem beliebigen Material, die fotokopiert, eingescannt und mittels Computer ausgedruckt werden können, sind als Transfer-Bilder geeignet. Die Möglichkeiten sind schier endlos – sehen Sie sich einmal in Ihrer Wohnung um, um sich inspirieren zu lassen. Blättern Sie Bücher und Zeitschriften durch oder betrachten Sie alte Fotografien. Andere gute Motivquellen sind Briefe, Noten, Andenken, Kinderzeichnungen, Gemälde, Knöpfe und Naturobjekte. Schauen Sie sich draußen nach Blättern und Blumen, Federn, Muscheln oder Kieselsteinen um. Sie könnten auch ein Thema wählen, das auf einem Lieblingshobby oder Zeitvertreib wie Sport oder Musik aufbaut.

Copyright

Achten Sie immer darauf, dass die verwendeten Bilder nicht urheberrechtlich geschützt sind. So ist es nicht ratsam, beispielsweise Postkarten oder Grußkarten aus Museen und Ausstellungen zu verwenden. Es ist zum Glück leicht festzustellen, ob eine Einzelperson, etwa ein Fotograf, oder ein Unternehmen das Urheberrecht an einem Bild besitzt, da dieses dann mit dem Symbol © versehen ist und den Namen des Besitzers aufweist. Bei einer umfangreicheren Publikation wird das Copyright im Impressum oder unter den Danksagungen aufgeführt.

Glücklicherweise gibt es auch Publikationen mit Bildern ohne Copyright, die für den persönlichen Gebrauch kopiert werden dürfen (Seite 96).

Stil der Bilder und ihre Bearbeitung

Wenn Sie ein Bild ausgewählt haben, gibt es eine Reihe von Möglichkeiten, es zu verändern. Natürlich können Sie aber auch das ursprüngliche Bild verwenden.

Verkleinern und Vergrößern

Das Variieren der Bildgröße ist eine einfache Möglichkeit, ein Bild zu ändern, wenn Sie es mehr als einmal für ein Projekt verwenden möchten. Nebeneinander kann die kleine und große Version eines Bildes eine interessante Komposition ergeben. Mit einem Kopierer oder Scanner können Sie Ihr Bild für Ihren Entwurf verkleinern oder vergrößern. Bedenken Sie jedoch, dass eine Vergrößerung um mehr als 100 % zu einer Verringerung der Bildqualität führt, besonders wenn viele Details zu sehen sind. Umgekehrt gilt, dass die Details miteinander verschmelzen, wenn die Größe eines Bildes drastisch reduziert wird.

Bildwiederholungen

Die absichtliche Wiederholung eines Bildes ist eine einfache Möglichkeit, ein Design zu gestalten. Die Wirkung hängt davon ab, wie Sie die wiederholten Bilder platzieren. Mehrere Bilder können auf einem kleinen Objekt recht intensiv wirken, wie der Teller auf dem Foto links oben zeigt, bei dem die Blätter um den Tellerrand herum angeordnet sind. Zusammen mit dem weniger strukturierten Entwurf des darunter abgebildeten Tellers aus demselben Set wird die Intensität reduziert, und das Blattmuster wirkt als vereinigendes Design-Element.

Sich überlappende Bilder

Sie können das leicht durchscheinende Transfer-Papier zu Ihrem Vorteil nutzen, wenn Sie Ihre Bilder auflegen. Durch eine Überlappung der Transfer-Bilder können Sie ein vielschichtiges Bild kreieren. Diese Technik wirkt am besten, wenn sie sparsam angewendet wird, sodass die Bilder nicht zu verworren aussehen. Es ist eine ideale Technik zur Übertragung zarter, fragiler Bilder, wie es die Blätter mit ihren Blattadern auf diesen Tellern zeigen.

Wenn die ausgewählten Transfer-Bilder farbig sind, kommt es durch die Überlappung zu weiteren Farbvariationen. Wenn Sie dabei richtig vorgehen, können edelsteinartige Effekte entstehen. Falls Sie sich aber nicht sicher sind, wie Farben bei einer Überlappung zusammenwirken, experimentieren Sie am besten auf einem ähnlichen Untergrund, bevor Sie mit der eigentlichen Arbeit beginnen.

Verschiedene Farbtöne

Wenn Ihnen ein Scanner zur Verfügung steht, können Sie die Farbe der gewählten Bilder manipulieren. Sie können dies auch mit Hilfe eines Farbkopierers erreichen, aber die Palette an möglichen Farbvariationen ist dabei begrenzt. Wenn das Projekt, an dem Sie arbeiten, beispielsweise zum Farbschema eines Zimmers passen muss, können Sie das Bild entsprechend anpassen. Auch wenn Sie subtile Variationen der Komplementärfarben oder gewagte, auffallende Farben bevorzugen, können Sie die Bilder nach Ihrem Geschmack verändern.

Bilder umdrehen

Eine weitere Möglichkeit zur Abwandlung von Transfer-Bildern ist das Umdrehen der ursprünglichen Bilder. Dazu brauchen Sie Computer, Scanner und Farbdrucker, da man mit einem Fotokopierer Bilder nicht umdrehen kann. Das so entstehende Spiegelbild kann Ihren Entwürfen zu mehr Vielfalt verhelfen. Platziert man Spiegelbilder nebeneinander, werden umgedrehte Bilder besonders hervorgehoben. Das Auge wird zu ihrem Berührungspunkt hingezogen, und es entsteht der Eindruck von Regelmäßigkeit und Ordnung.

Bei einigen Projekten in diesem Buch, bei denen die Aufbügelmethode oder Transferpaste verwendet werden, gehört das Umdrehen der Bilder zum Transferprozess. Falls das gewählte Bild Elemente enthält, die unbedingt richtig herum erscheinen sollen, muss dies beachtet werden. Betrachten Sie in diesem Fall die Bilder genau, die Sie verwenden wollen, da Bilder, auf denen beispielsweise Text, Personen und Gebäude zu sehen sind, möglicherweise vor dem Übertragen umgedreht werden müssen.

Bilder aneinander reihen

Wenn Ihr Design mehr als ein Transfer-Bild enthält, müssen Sie die Bilder Kante an Kante nebeneinander legen. Diese Technik gilt es zu meistern. Sowohl bei der einfachen Transfer-Methode im Nassverfahren als auch bei der Terpentin-Methode können Sie die Position der Transfer-Bilder anpassen, wenn sie übertragen werden. Um einen sauberen Abschluss zu erzielen, bringen Sie das Transfer-Bild in diesem Fall möglichst nah an der gewünschten Position auf und schieben es dann vorsichtig an Ort und Stelle. Beim Aufbügeln ist mehr Präzision erforderlich, da man sicher sein muss, dass die Kanten der Transfer-Bilder genau aneinander liegen, bevor man das Bügeleisen einsetzt.

Wenn ein Bild aufgebügelt wird, ist es oft schwierig sicherzustellen, dass alle Kanten am Stoff haften. Wenn Sie Transfer-Bilder nebeneinander aufbügeln, ist darauf zu achten, dass nicht über ein unbedecktes Bild gebügelt wird, da dieses dann schmilzt und am Bügeleisen festklebt. Eine doppelte Schicht Backpapier kann als vorübergehende Barriere zwischen dem Bügeleisen und bereits vorhandenen Transfer-Bildern verwendet werden.

Der Einsatz von Farbe

Wenn Sie keinen Zugang zu Computer und Scanner haben, gibt es dennoch Möglichkeiten, bestimmte Elemente von Bildern deutlich zu ändern. Der hier abgebildete Teller zeigt unten rechts ein Bild, das so verwandelt wurde, dass das kleine Mädchen ein leuchtend orangefarbenes Kleid trägt. Diese auffällige Wirkung lässt sich im Grunde recht leicht erzielen.

Zuerst pausen Sie den Umriss des Kleides mit Pauspapier ab. Anschließend fotokopieren Sie das schwarzweiße Bild und ein Quadrat der ausgewählten Farbe auf ein Stück Transfer-Papier. Legen Sie das durchgepauste Kleid auf das Quadrat mit dem farbigen Transfer-Papier und verwenden Sie es als Schablone, um eine farbige Kleiderform auszuschneiden. Mit einem Stück Kreppband verhindern Sie, dass das Bild beim Ausschneiden verrutscht.

Wenn Sie das schwarzweiße Transfer-Bild auf den Teller platziert haben, übertragen Sie die farbige Kleiderform darauf. So erhalten Sie einen begrenzten Farbbereich auf einem ansonsten schwarzweißen Bild.

Sepia

Wenn Sie beim Fotografieren Sepia-Filter oder -Filme verwenden, werden Sie feststellen, dass Ihre beigefarbenen Fotos eine Stimmung haben, die es bei Farbfotos nicht gibt, vielleicht weil man sich in eine vergangene Zeit zurückversetzt fühlt. Sepia-Bilder sehen fantastisch aus, wenn sie etwa auf Haushaltsgegenstände übertragen werden.

Ich verwende Sepia-Bilder besonders gern neben normalen Schwarzweißbildern, wie es das Foto rechts zeigt. Wenn Sie Computer, Scanner und Drucker haben, können Sie normale Fotos so manipulieren, dass sie einen Sepia-Ton annehmen.

Projekte

Füllen Sie Ihr Fenster mit Blütenblättern, die von der Decke auf den Boden herabfallen. Diese zarten Gazegardinen schirmen diskret ab und sorgen stilvoll für mehr Privatsphäre. Wenn die Sonne hindurchscheint, werfen die Gardinen die warme Farbe der Blütenblätter wie einen Hauch ins Zimmer.

Versuchen Sie, möglichst viele Kopien der Blütenblätter auf dem Transfer-Papier unterzubringen – Sie werden überrascht sein, wie viele Sie brauchen. Zusätzlich können Sie das ursprüngliche Blütenblatt auch etwas vergrößern oder verkleinern.

Ich habe diese Kaskadenwirkung gewählt, weil so das Auge des Betrachters an der Gardine von oben nach unten gelenkt wird. Zu diesem Zweck platzieren Sie einige Blütenblätter im oberen Bereich der Gardine und arrangieren die übrigen dann in einem Zufallsmuster, als fielen sie von der Decke herab. Im untersten Bereich der Gardine bringen Sie einige Blütenblätter in eine seitliche Position – so, als hätten sie den Boden erreicht und seien dort liegen geblieben.

Hängen Sie die Gardine an einem Fenster auf, das von der Morgensonne beschienen wird, und öffnen Sie das Fenster einen Spalt, sodass ein leichter Wind den Stoff bewegt. Auf diese Weise wird das märchenhafte Fluidum dieses Projekts zum Leben erweckt.

Gardine mit Blüten

Material

gepresste Blütenblätter oder Bilder von Blütenblättern (Seite 87)
Farbkopierer
Lazertran-Transfer-Papier
Skalpell und Schneidunterlage oder eine Schere
ein Paar durchsichtige Gardinen aus 100 % Baumwolle
Kreppband
Bügelbrett
Bügeleisen
kleine, flache Schüssel
Schwamm
Backpapier

Technik

Aufbügeln von Transferpapier für das Nassverfahren (Seite 10)

1 Zuerst entscheiden Sie, ob Sie echte Blütenblätter oder die Bilder von Blütenblättern (Seite 87) fotokopieren wollen. Versuchen Sie, möglichst viele Blütenblätter auf einem Papierbogen unterzubringen. Dazu könnten Sie einen Computer und Scanner einsetzen oder die Blüten mehrmals fotokopieren, ausschneiden und auf Papier kleben. Denken Sie daran, dass die Bilder auf der fertigen Gardine umgekehrt erscheinen. Kopieren Sie den Bogen mit den Blüten mit einem Kopierer auf die glänzende Seite eines Bogens Transfer-Papier. Dann schneiden Sie sie vorsichtig mit einem Skalpell auf einer Schneidunterlage oder mit einer Schere aus. Um die Position der Blütenblätter zu bestimmen, legen Sie die erste Gardine flach auf einen Tisch und befestigen die Bilder grob mit Kreppband (Seite 48). Wenn Sie mit der Position der Blüten zufrieden sind, legen Sie die Gardine auf das Bügelbrett. Stück für Stück drehen Sie die Blütenblätter mit der Vorderseite nach unten; bügeln Sie sie mit dem warmen Bügeleisen in einer Kreisbewegung auf. Fahren Sie fort, bis alle Blätter aufgebügelt sind.

2 Legen Sie die Gardine auf eine wasserfeste Oberfläche. Füllen Sie ein wenig Wasser in eine kleine Schüssel und tupfen Sie das Wasser mit einem Schwamm auf die Papierrückseite des Transfer-Bilds. Wenn das Wasser aufgenommen ist und das Papier nicht mehr so undurchsichtig ist, hebt es sich ab oder kräuselt sich. Ziehen Sie es vom Transfer-Bild ab und nehmen Sie überschüssigen weißen Kleber mit dem Schwamm ab. Wiederholen Sie diese Prozedur mit den übrigen Blüten.

3 Wenn der Stoff trocken ist, legen Sie die Gardinen mit den Bildern nach oben auf das Bügelbrett. Legen Sie ein Stück Backpapier auf die ersten Blütenblätter. Dann bügeln Sie den Stoff mit dem warmen Bügeleisen in kreisförmigen Bewegungen, um die Transfer-Bilder zu versiegeln. Achten Sie darauf, dass Sie nicht zufällig über ein nicht abgedecktes Bild bügeln, da dieses schmelzen und am Boden des Bügeleisens festkleben würde. Fahren Sie fort, bis alle Bilder mit dem Stoff verbunden sind. (Die Gardinen sollten auch später immer auf diese Weise mit Backpapier gebügelt werden, wenn sie gewaschen wurden, da die Transfer-Bilder gleichzeitig fixiert werden.) Wiederholen Sie den Vorgang mit der zweiten Gardine.

Verwandeln Sie Ihr Lieblingsbild in ein einzigartiges Kunstwerk, indem Sie es auf ein Stück aufgezogene Leinwand übertragen. Ob Sie sich nun für ein Familienfoto oder eine Urlaubserinnerung entscheiden, Sie können mit diesem Projekt Ihre Fotos mit einer zusätzlichen persönlichen Note versehen.

Da die Leinwand bei diesem Projekt zu einem wichtigen Charakteristikum wird, ist kein Bilderrahmen erforderlich, und das Resultat verdient sicherlich einen Platz

Leinwandkunst

auf dem Kaminsims. Ein Sepia-Bild passt sowohl zu einer traditionellen wie auch zu einer modernen Einrichtung sehr gut.

Die Übertragung von Bildern auf Leinwand ist ein wirklich einfaches Verfahren, und wenn Sie es gemeistert haben, werden Sie möglicherweise dazu angeregt, eine ganze Serie von Drucken für das Wohnzimmer zu kreieren. Es ist eine hübsche Idee, einige zusätzliche Kopien herzustellen und diese Freunden und Verwandten zur Erinnerung an ein unvergessliches Erlebnis zu schenken.

Material

mit Acryl grundierte Leinwand (Leinen), aufgezogen auf einen Holzrahmen
ein Sepia-Foto
Farbkopierer
Lazertran-Transfer-Papier
Skalpell, Metalllineal und Schneidunterlage oder eine Schere
großes, flaches Tablett
Zeitungspapier
PVA-Kleber (Weißleim), 50 % wasserverdünnt
großer Pinsel
Küchenpapier
Nudelholz
weiches, trockenes Tuch

Technik

Transfer-Papier für das Nassverfahren mit Kleber (Seite 10)

1 Wenn Sie die Leinwand auswählen, nehmen Sie eine, die auf einen Holzrahmen oder ein Brett aufgezogen ist, sodass sie eine glatte Oberfläche hat. Wählen Sie ein Foto und vergrößern Sie es, damit es ca. 1 cm größer als die Leinwand ist und diese an allen vier Ecken überragt. Mit dem Farbkopierer kopieren Sie das Bild auf die glänzende Seite eines Transfer-Papiers; stellen Sie eine zusätzliche Kopie her, falls Sie bei der Arbeit Fehler machen. Verwenden Sie Skalpell, Metalllineal und Schneidunterlage oder die Schere, um überschüssiges Papier vom Transfer-Bild abzuschneiden.

2

Wenn Sie das Transferbild auf die korrekte Größe zugeschnitten haben, legen Sie es, mit der Vorderseite nach unten und mit der breiten Seite zuerst, in eine große flache Schale mit lauwarmem Wasser. Das Papier wird sich leicht einrollen, aber Sie sollten es ein paar Minuten einweichen lassen, bis es weniger undurchsichtig ist.

Während das Transfer-Papier einweicht, legen Sie den Rahmen mit der Leinwand auf Zeitungspapier und tragen mit dem Pinsel eine dünne Schicht PVA-Kleber, 50 % mit Wasser verdünnt, auf die gesamte Fläche auf.

3

Heben Sie das Transfer-Papier vorsichtig aus dem Wasser und legen Sie es mit der Vorderseite nach unten auf ein Stück Küchenpapier, um überschüssiges Wasser aufzusaugen. Mit Zeigefinger und Daumen schieben Sie die Papierrückseite leicht ab, sodass eine der langen Kanten freiliegt, und legen das Bild mit der Bildseite nach oben (Klebeseite nach unten) auf die Leinwand. Es sollte über die entsprechende Kante der Leinwand hinausragen. Zentrieren Sie das Bild sorgfältig. Wenn Sie mit der Position zufrieden sind, legen Sie das Nudelholz darauf und schieben die Papierrückseite langsam unter dem Transfer-Bild weg.

Wenn das Bild positioniert ist, prüfen Sie, ob Luftblasen vorhanden sind. Fahren Sie mit einem weichen trockenen Tuch oder der Fingerspitze darüber, um sicherzugehen, dass das Bild wirklich flach aufliegt. Hartnäckige Blasen werden mit einer Nadel eingestochen, sodass die Luft herausgedrückt werden kann. Falten Sie die überstehenden Kanten des Transfer-Bilds über die Seiten des Leinwandrahmens.

Lassen Sie Ihr Kunstwerk ein paar Stunden liegen und trocknen. Wenn Sie eine seidenmatte Oberfläche wünschen, können Sie eine dünne Schicht Klarlack aus der Sprühdose aufsprühen. Das Bild wird so zusätzlich geschützt.

Gemusterte Bettwäsche

Dekorieren Sie Ihre Bettwäsche mit Musterstreifen, die rundum als Einfassung platziert werden. Wenn Sie kreativ sind, können Sie eigene Designs entwerfen. Eine gute Quelle sind auch die verschiedensten Bücher mit Mustern ohne Copyright-Gebühren (Seite 96). Diese Muster dürfen kopiert und die Farben beliebig geändert werden.

Wenn Sie Musterstreifen auswählen, sollten Sie bedenken, dass es bei längeren Streifen weniger Ansatzpunkte gibt, was viel Zeit spart. Sie sollten auch überlegen, ob es eventuell stört, dass das Muster umgekehrt auf der Bettwäsche erscheinen wird (wenn es beispielsweise Text enthält). In diesem Fall drehen Sie das Bild jetzt um, damit es richtig übertragen wird.

Für dieses Projekt wird Transfer-Papier zum Aufbügeln verwendet. Erkundigen Sie sich im Papierwarengeschäft oder beim Hersteller Ihres Druckers nach dem entsprechenden Transfer-Papier. Falls Sie keinen Computer, Scanner und Drucker besitzen, setzen Sie die Aufbügelmethode mit Transfer-Papier für das Nassverfahren ein (Seite 10).

Material

2 Streifen mit Wiederholungsmuster in Kontrastfarben
Computer, Scanner und Drucker
Transfer-Papier, das mit Ihrem Drucker kompatibel ist
Skalpell und Schneidunterlage oder eine Schere
unifarbene helle Bettwäsche aus Baumwolle oder einer Baumwollmischung
Bügeleisen
Marmorplatte
Backpapier

Technik

Transfer-Papier zum Aufbügeln (Seite 10)

1

Transfer-Papier zum Aufbügeln kann für jeden Stoff aus Baumwolle oder aus einer Baumwollmischung verwendet werden. Ein heller Stoff mit glatter Oberfläche sorgt aber für die besten Ergebnisse. Berechnen Sie, wie viele Muster Sie für die ganze Bettwäsche brauchen, scannen Sie die Muster ein und versuchen Sie, möglichst viele Streifen auf einem Bogen Papier unterzubringen. Mit dem Drucker können Sie direkt auf das entsprechende Transfer-Papier drucken. Vor dem Drucken studieren Sie die Anleitung des Druckers. Mit dem Skalpell oder einer Schere schneiden Sie den Musterstreifen entlang, wobei an den langen Kanten ein Abstand von 5 mm stehen bleiben sollte.

2 Dann treffen Sie die Vorbereitungen, um das Muster auf den Rand der Bettwäsche aufzubügeln. Verwenden Sie eine Marmorplatte statt des Bügelbretts. Legen Sie eine doppelte Schicht gebügelter Stoffreste auf den Marmor, bevor Sie die Bettwäsche darauf legen. Beachten Sie, dass beides glatt liegt. Bügeln Sie mit der für den Stoff geeigneten Bügeleinstellung (möglichst heiß), aber verwenden Sie keinen Dampf. Bringen Sie das Transfer-Bild (Vorderseite unten) in Position und beginnen Sie zu bügeln, wobei Sie langsam mit festem Druck von einem Ende zum anderen bügeln und alle Ecken sichern.

Wenn das Transfer-Bild übertragen ist und die Papierrückseite abgekühlt ist, heben Sie das Papier ab, indem Sie es von einem Ende zum anderen abziehen. Wenn ein Teil des Musters nicht richtig versiegelt wurde, legen Sie die Papierrückseite wieder darauf und bügeln noch ein paar Sekunden darüber.

3 Um das Muster fortzusetzen, wiederholen Sie Schritt 2, wobei Sie darauf achten, dass die Verbindungsstellen richtig aneinander ausgerichtet sind. Wenn Sie sich der Verbindungsstelle nähern, passen Sie auf, dass Sie nicht über die Papierkante hinweg über ein nicht abgedecktes Bild bügeln. Es würde schmelzen und am Bügeleisen haften. Als zusätzlichen Schutz falten Sie ein Stück Backpapier doppelt und legen es über die Verbindungsstelle. Ziehen Sie die Papierrückseite in Richtung Verbindungsstelle ab.

Tragen Sie ein zweites Musterband auf dieselbe Weise auf, wobei Sie darauf achten, dass beide Linien parallel verlaufen.

Wenn alle Bilder positioniert sind, reduzieren Sie die Temperatur des Bügeleisens etwas, legen ein Stück Backpapier auf die Muster und bügeln darüber. Auf diese Weise entstehen haltbare, waschbare Resultate. Denken Sie daran, die Bettwäsche vor dem Waschen zu wenden.

Schützen Sie Ihre Lieblingsschuhe mit diesem schönen Schuhbeutel aus Leinen. Fotografieren Sie Schuhe, die Sie besonders mögen, und übertragen Sie die Fotos auf den Beutel, sodass das Bild zum Erkennungszeichen wird. Hier habe ich das übertragene Bild der tatsächlichen Schuhgröße möglichst genau angepasst. So wird die Wirkung noch unterstrichen.

Da beim Aufbügeln das Bild gewendet wird, drehen Sie das Bild vor dem Übertragen um – das ist besonders wichtig, wenn auf der Innensohle etwas geschrieben steht.

Sie können auf diese Weise auch Wäschebeutel oder Einkaufstaschen herstellen. Die fertigen Beutel sehen hübsch aus, wenn sie wie zufällig an einer Türklinke oder an einem Haken an der Schlafzimmertür hängen.

Sie können einfarbige Beutel aus Leinen oder Baumwolle in der entsprechenden Größe für dieses Projekt fertig kaufen oder, wenn Sie Zeit haben, selbst nähen. Verwenden Sie ein Material aus Naturfasern, da diese am besten für Transfer-Bilder geeignet sind.

Schuhbeutel aus Leinen

Material

Foto von einem Paar Schuhe
Farbkopierer
Skalpell und Schneidunterlage oder eine Schere
Alufolie
Schuhbeutel aus Leinen, gebügelt
Dylon-Transferpaste
Pinsel
Bügeleisen
Küchenpapier
Nudelholz
Schwamm
Schüssel

Technik

Transferpaste (Seite 13)

1

Die Arbeit mit Transferpaste kann schmutzig sein, und Sie sollten alte Kleider oder eine Schürze tragen. Bei der Wahl des Bildes bedenken Sie, dass das übertragene Bild bei dieser Methode umgedreht wird. Wählen Sie daher ein Bild ohne Text aus, es sei denn, Sie haben einen Computer und einen Scanner, mit dem Sie das Bild in dieser Anfangsphase wenden können.

Kopieren Sie das Foto mit einem Farbkopierer auf einfaches, weißes Papier. Schneiden Sie die Schuhe aus und legen Sie die beiden Schuhbilder (Vorderseite oben) auf ein Stück Alufolie. Drücken Sie eine großzügige Menge Paste auf beide Bilder; verteilen Sie die Paste mit einem Pinsel, sodass die Fotokopien ganz abgedeckt sind.

2 Legen Sie ein Stück Alufolie zur Trennung zwischen beide Stoffschichten in den Leinenbeutel. Wenn die Transferpaste in das Papier eingedrungen ist und die Bilder nur noch undeutlich sichtbar sind, legen Sie das erste Transfer-Bild vorsichtig mit der Vorderseite auf den Stoff. Drücken Sie das Bild fest auf, und achten Sie darauf, dass der Stoff keine Falten wirft. Dann legen Sie ein Stück Küchenpapier auf und drücken das Transfer-Bild mit dem Nudelholz leicht an, wobei Sie es eine Minute lang in alle Richtungen rollen, um sicherzustellen, dass alle Kanten gut haften. Wenn überschüssige Paste hervorquillt, nehmen Sie das Küchenpapier ab und entfernen die überschüssige Paste mit einem anderen Stück Küchenpapier. Wiederholen Sie das Ganze mit dem zweiten Schuh. Lassen Sie alles mindestens vier Stunden trocknen, am besten über Nacht.

3 Wenn die Bilder richtig trocken sind, füllen Sie eine kleine Schüssel mit lauwarmem Wasser und feuchten das Papier mit Hilfe eines Schwamms gut an. Dann reiben Sie mit der Fingerspitze das Papier vorsichtig ab, bis die Schuhe gut sichtbar sind. Passen Sie auf, wenn Sie über die Kanten des Bildes reiben, da diese besonders empfindlich sind. Lassen Sie den Schuhbeutel trocknen. Zum Schluss tragen Sie mit dem Pinsel eine dünne Schicht Transferpaste auf, um das Bild zu versiegeln. Lassen Sie den Beutel dann wieder trocknen.

Zum Waschen wenden Sie den Beutel von innen nach außen und waschen ihn im Schonwaschgang. Bügeln Sie den Stoff immer auf der Innenseite – Sie dürfen niemals direkt über das Bild bügeln!

Transfer-Bilder können sich überlappen, sodass eine mehrschichtige Wirkung entsteht. Das hört sich kompliziert an, ist jedoch im Grunde sehr einfach. Wählen Sie ein farbiges Hintergrundbild und ein Schwarzweißfoto. Wenn sich beide Bilder überlappen, nehmen die weißen Bereiche des Fotos die Farben des Hintergrundbilds an. Dies ist eine praktische Methode, wenn Sie einem Schwarzweißbild Farbe verleihen oder die Farbstimmung eines Zimmers bei einem Projekt

Rosenkissen

ein wenig aufnehmen wollen. Sie können subtile Farbglanzpunkte kreieren, ohne dass das Ganze zu aufdringlich wirkt.

Für den Transfer-Hintergrund verwenden Sie eine einfache Farbfläache, einen gemusterten Stoff oder eine Struktur, beispielsweise Samt, Holz oder Blattgold. Das Hintergrundbild sollte etwas größer sein als das Rosenbild, sodass ein zufälliger Rahmeneffekt entsteht.

Ein mit Rosen dekorierter Satz Kissen ist ein schöner Blickfang auf einem unifarbenen Sofa oder Bett.

Material

quadratisches Schwarzweißbild einer Rose (Seite 92) oder ein Bild Ihrer Wahl
ein oder mehrere quadratische Hintergrundbilder Ihrer Wahl wie Samt, Holz oder Blattgold
Farbkopierer
Lazertran-Transfer-Papier
Skalpell, Metalllineal und Schneidunterlage oder eine Schere
ein unifarbener Kissenbezug
Bügelbrett
Bügeleisen
Schneidbrett aus Kunststoff
Schwamm
Backpapier

Technik

Aufbügeln von Transfer-Papier für das Nassverfahren (Seite 10)

1 Wählen Sie zwei Bilder aus, die Sie übereinander legen wollen – in diesem Fall eine schwarzweiße Rose und die Nahaufnahme eines Holzstücks. Sie brauchen mindestens vier Farbkopien von jedem Bild – Computer und Scanner wären daher hilfreich. Oder Sie fotokopieren die Bilder viermal und kleben sie auf ein Stück Papier .

Kopieren Sie den Bogen mit den Bildern auf die glänzende Seite des Transfer-Papiers. Schneiden Sie die Bilder mit Hilfe von Skalpell und Metalllineal auf einer Schneidunterlage oder mit einer Schere aus. Achten Sie darauf, dass die Hintergrundbilder etwas größer sind als das Rosenbild. Legen Sie den Kissenbezug auf das Bügelbrett und bringen Sie ein Transfer-Bild des Hintergrunds mit der Vorderseite nach unten auf dem Bezug in Position (d.h. das Bild wird umgedreht). Mit dem warmen Bügeleisen bügeln Sie in einer Kreisbewegung ein bis zwei Minuten darüber, um das Bild zu fixieren.

3

Legen Sie den Kissenbezug auf das Bügelbrett, wobei das Hintergrundbild nach oben zeigt. Bringen Sie das Rosenbild (Vorderseite unten) auf dem Hintergrund in Position. Legen Sie das Backpapier auf die übereinander liegenden Transfer-Bilder und bügeln Sie darüber, um das Rosenbild zu übertragen – das Backpapier schützt die Kanten des ersten Transfer-Bildes, sodass es nicht das Bügeleisen berührt. Wenn die Rose in Position ist, wiederholen Sie Schritt 2.

Wiederholen Sie das ganze Verfahren mit den übrigen Bildern. Anschließend decken Sie die Transfer-Bilder wieder mit Backpapier ab und bügeln erneut darüber.

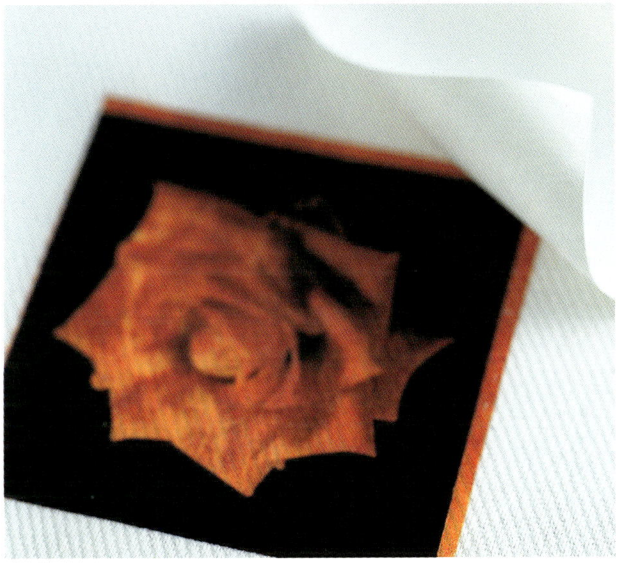

2

Legen Sie das Schneidbrett aus Kunststoff in das Kissen. Bringen Sie mit dem Schwamm Wasser auf die Papierrückseite des Transfer-Bildes auf. Warten Sie, bis das Wasser absorbiert wurde; das Papier ist nun weniger undurchsichtig und hebt sich ab oder rollt sich ein. Ziehen Sie die Papierrückseite ab; tupfen Sie überschüssigen weißen Kleber mit dem Schwamm vorsichtig ab. Lassen Sie das Ganze gut trocknen.

Nach dem Trocknen legen Sie den Kissenbezug auf das Bügelbrett, wobei das Hintergrundbild nach oben zeigt. Legen Sie ein Stück Backpapier darauf und bügeln Sie mit dem warmen Bügeleisen kreisförmig darüber, bis das Bild in den Stoff einsinkt. Lassen Sie das Bild abkühlen.

Frühstücksteller

Dekorieren Sie Ihre Teller mit passenden Bildern. Eine glatte, ebene Porzellanoberfläche ist am besten geeignet, da man darauf viel leichter arbeiten kann; wenn das Porzellan einen hohen Rand hat, kann es schwierig sein, das Transfer-Bild auf die ungleichmäßige Oberfläche zu übertragen. Beschränken Sie sich daher besser auf die ebenen Bereiche. Einfache weiße Teller verleihen der fertigen Arbeit ein wunderbar frisches Aussehen, aber Teller in Pastellfarben lassen sich ebenfalls mit Transfer-Bildern verschönern.

Wenn Sie die Bilder auswählen, sollten Sie daran denken, dass Transfer-Papier leicht einreißt. Wählen Sie daher Bilder, die einen unkomplizierten Rand haben.

Ich finde es besonders reizvoll, Bilder von Nahrungsmitteln auf Teller zu übertragen. Hier habe ich Frühstücksteller mit Bildern von Croissants und Brötchen dekoriert, aber es gibt noch viele andere Möglichkeiten. Sie könnten einen Satz Teller mit Bildern von köstlichen Torten, Käse und Crackern verzieren. Wäre etwa ein Teller mit feinen Pralinen eine allzu große Versuchung?

Material

Bild eines Croissants (Seite 89)
Bild von Toast in Scheiben (Seite 89)
Bild eines aufgebrochenen Brötchens (Seite 89)
Farbkopierer
Lazertran-Transfer-Papier
6 unifarbene Keramikteller, gereinigt, ohne Fettspuren
Skalpell und Schneidunterlage oder eine Schere
großes, flaches Tablett
Schwamm
Küchenpapier
weiches, trockenes Tuch
Backofen

Techniken

Einfaches Nassverfahren mit Transfer-Papier (Seite 10)

1 Fertigen Sie je zwei Farbkopien der drei Bilder an und ein paar mehr als Ersatz, falls Ihnen ein Fehler unterläuft. Versuchen Sie alle Bilder auf einem Bogen Papier unterzubringen – dazu können Sie Computer und Scanner verwenden oder die Bilder mit einem Farbkopierer kopieren, ausschneiden und auf einen leeren Papierbogen kleben. Stellen Sie die Tonerdichte des Kopierers auf »hoch«, bevor Sie auf die glänzende Seite des Transfer-Papiers kopieren – so wirken die Bilder kräftiger, wenn sie auf die Teller übertragen wurden.

Schneiden Sie die Transfer-Bilder mit dem Skalpell oder mit der Schere aus. Seien Sie vorsichtig beim Ausschneiden des Brötchens, da das Bild einige kleine, diffizile Teile aufweist. Da Transfer-Papier durchsichtig ist, können zwischen dem Brötchen und den Krümeln Streifen stehen bleiben, damit die Bereiche verbunden sind.

2 Legen Sie die einzelnen Bilder (Vorderseite unten) in eine große, flache Schale, das mit lauwarmem Wasser gefüllt ist. Oder befeuchten Sie die Bilder einzeln mit einem nassen Schwamm. Das Papier wird sich leicht einrollen, aber warten Sie, bis es weniger undurchsichtig wirkt. Legen Sie die Bilder auf Küchenpapier, um überschüssiges Oberflächenwasser aufzusaugen. Schieben Sie einen Teil der Papierrückseite vorsichtig zwischen Zeigefinger und Daumen ab. Seien Sie dabei sehr vorsichtig, da Transfer-Papier leicht reißt. Nachdem Sie einen kleinen Bereich der Papierrückseite abgehoben haben, bringen Sie das Transfer-Bild (Vorderseite oben, Klebeseite unten) auf dem Teller in Position und ziehen die Papierrückseite langsam unter dem Transfer-Bild weg. Wenn das Bild positioniert ist, reiben Sie vorhandene Luftblasen mit einem weichen, trockenen Tuch weg, sodass das Bild ganz glatt wird. Stechen Sie hartnäckige Luftblasen mit einer Nadel ein und drücken Sie die Luft heraus.

3 Wenn Sie alle Transfer-Bilder auf die Teller aufgebracht haben, lassen Sie sie mindestens 24 Stunden trocknen. Dann können sie für etwa 10 Minuten in den Backofen (180° C) gelegt werden, bis die Transfer-Bilder schmelzen und zu einer Glasur aushärten. Die Hitze fixiert die Bilder und macht sie völlig wasserabweisend und praktisch kratzfest.

Wie dieses Projekt zeigt, können Sie das Bild von fast jedem beliebigen Lebensmittel verwenden.

Servieren Sie Nudelgerichte doch einmal in einer originell verzierten Schüssel. Die verschiedenen Nudelformen sind ein wunderbarer Fundus für Transfer-Bilder – es stehen viele interessante Formen zur Auswahl. Anregungen finden Sie in Kochbüchern, auf Nudelpackungen oder auf Seite 90 in diesem Buch.

Konzentrieren Sie sich auf die Außenseite der Schüssel und arrangieren Sie die Bilder so, dass die Nudelformen rundum sichtbar sind. Achten Sie auf ein ausgewogenes Design um die ganze Schüssel herum. Mit Kreppband bringen Sie die einzelnen Stücke in Position. So können Sie verschiedene Anordnungen ausprobieren, bevor Sie eine Entscheidung treffen. Bevorzugen Sie ein üppiges Design oder einen Entwurf nach dem Motto: Weniger ist mehr? Sie haben die Wahl.

Sie könnten das Thema auch auf kleineren Schüsseln fortsetzen. In diesem Fall habe ich das Design der kleinen Schüsseln schlicht gehalten und ein einzelnes Bild jeweils unterhalb des Schüsselrands und ein anderes im Schüsselinneren platziert – so können Ihre Gäste eine »zusätzliche« Nudel entdecken, wenn sie mit dem Essen fast fertig sind.

Pasta-Schüssel

Material

Bilder von verschiedenen Nudelformen (evtl. aus Kochbüchern, siehe Seite 90)
Farbkopierer
Lazertran-Transfer-Papier
eine große einfache Servierschüssel, ohne Fettspuren
Skalpell und Schneidunterlage oder eine Schere
Kreppband
eine flache Schüssel
Küchenpapier
ein weiches trockenes Tuch
Backofen

Technik

Einfaches Nassverfahren mit Transfer-Papier (Seite 10)

1

Berechnen Sie grob die Anzahl von Nudelformen, die Sie brauchen, um Ihre Schüssel zu dekorieren; versuchen Sie, alle auf einem Bogen unterzubringen. Geben Sie einige Formen zusätzlich dazu für den Fall, dass Sie einen Fehler machen. Zu diesem Zweck können Sie Scanner und Computer verwenden oder die Nudelformen mehrmals mit dem Farbkopierer kopieren, ausschneiden und auf einen leeren Papierbogen kleben. Mit dem Kopierer kopieren Sie die Nudelbilder auf die glänzende Seite des Transfer-Papiers. Stellen Sie die Tonerdichte des Kopierers auf »hoch«, bevor Sie kopieren, da dies die Bilder kräftiger erscheinen lässt, wenn sie auf Keramikobjekte übertragen werden. Schneiden Sie die Transfer-Bilder mit Hilfe eines Skalpells oder mit einer Schere sorgfältig aus.

2

Entscheiden Sie, wo Sie die Nudelbilder positionieren wollen, indem Sie sie vorläufig mit Kreppband um die Schüssel herum befestigen. Wenn Sie mit Ihrem Entwurf zufrieden sind, entfernen Sie das Kreppband von einigen Bildern und legen diese (Vorderseite unten) in eine Schüssel mit lauwarmem Wasser. Das Papier wird sich leicht einrollen, Sie sollten jedoch abwarten, bis es weniger undurchsichtig ist.

Nehmen Sie ein Bild heraus und tupfen Sie es mit Küchenpapier trocken. Dann schieben Sie vorsichtig einen kleinen Teil der Papierrückseite zwischen Zeigefinger und Daumen ab. Bringen Sie das Transfer-Bild (Vorderseite oben und klebende Seite unten) auf der Schüssel in Position und ziehen Sie die Papierrückseite langsam unter dem Bild her weg. Luftblasen entfernen Sie vorsichtig mit einem weichen trockenen Tuch. Wiederholen Sie das Ganze mit den übrigen Transfer-Bildern.

3 Wenn alle Nudelformen um die Schüssel herum angebracht sind, lassen Sie sie 24 Stunden trocknen. Dann kann die Schüssel für 10 Minuten in den Backofen (180° C) gestellt werden, bis die Transfer-Bilder schmelzen und zu einer Glasur aushärten. Dieser Vorgang fixiert die Bilder, macht sie wasser- und fast kratzfest.

Vielleicht stellen Sie am besten gleich ein ganzes Set her, indem Sie jeweils ein Bild auf dem Boden einiger kleinerer Schüsseln anbringen.

Die Nahaufnahme eines Kaktus auf einer Glasvase verleiht der glatten Oberfläche durch die »Stacheln« eine gewisse Struktur. Die grafische Qualität dieses Bildes macht schon an sich einen fantastischen Eindruck, aber wenn Sie noch einen Schritt weiter gehen wollen und die Vase mit etwas feinem Sand füllen, erhält das Bild noch mehr Farbtiefe. Die Vase kann auch als Kerzenhalter dienen. Eine weitere Möglichkeit, den attraktiven Lila-Ton der Vase hervorzu-

Kaktusvase

heben, besteht darin, sie mit Glasperlen zu füllen. Mit einem Blumenstrauß sieht die Vase auch sehr schön aus.

Wenn Sie Pflanzen mögen, aber keinen »grünen Daumen« haben, ist diese Vase eine ideale Möglichkeit, zusätzlich etwas Natur in Ihre Wohnung zu bringen, ohne dass Sie sich um eine echte Pflanze kümmern müssen.

Material

Nahaufnahme eines Kaktus oder einer anderen Pflanze
Farbkopierer
eine große rechteckige Glasvase, gereinigt
Lazertran-Transfer-Papier
Küchenpapier
Skalpell, Metalllineal und Schneidunterlage oder eine Schere
ein großes flaches Tablett
Zeitungspapier
ein weiches Tuch
Backofen

Technik

Einfaches Nassverfahren mit Transfer-Papier (Seite 10)

1 Vergrößern Sie das gewählte Bild, bis es mindestens eine Seite der Vase abdeckt. Wenn die Vase so klein ist, dass Sie ein Bild um mehr als eine Seite wickeln können, drucken Sie es groß genug aus, um später unnötige Schnittstellen zu vermeiden. Stellen Sie die Tonerdichte beim Farbkopierer hoch ein, bevor Sie das Bild auf die glänzende Seite des Transfer-Papiers kopieren – dadurch wirkt das Bild kräftiger, wenn es auf das Glas übertragen wird. Drucken Sie genug Kopien, um die gesamte Vase abzudecken sowie eine zusätzliche Kopie, falls Sie einen Fehler machen. Schneiden Sie die Transfer-Bilder so zu, dass sie auf die Seiten der Vase passen. Dafür verwenden Sie entweder ein Skalpell und ein Metalllineal oder eine Schere. Tauchen Sie das erste Bild (Vorderseite unten, breite Kante voran) in eine große flache Schale, die mit lauwarmem Wasser gefüllt ist. Das Papier wird sich leicht einrollen, aber warten Sie noch ein paar Minuten, bis es weniger undurchsichtig ist.

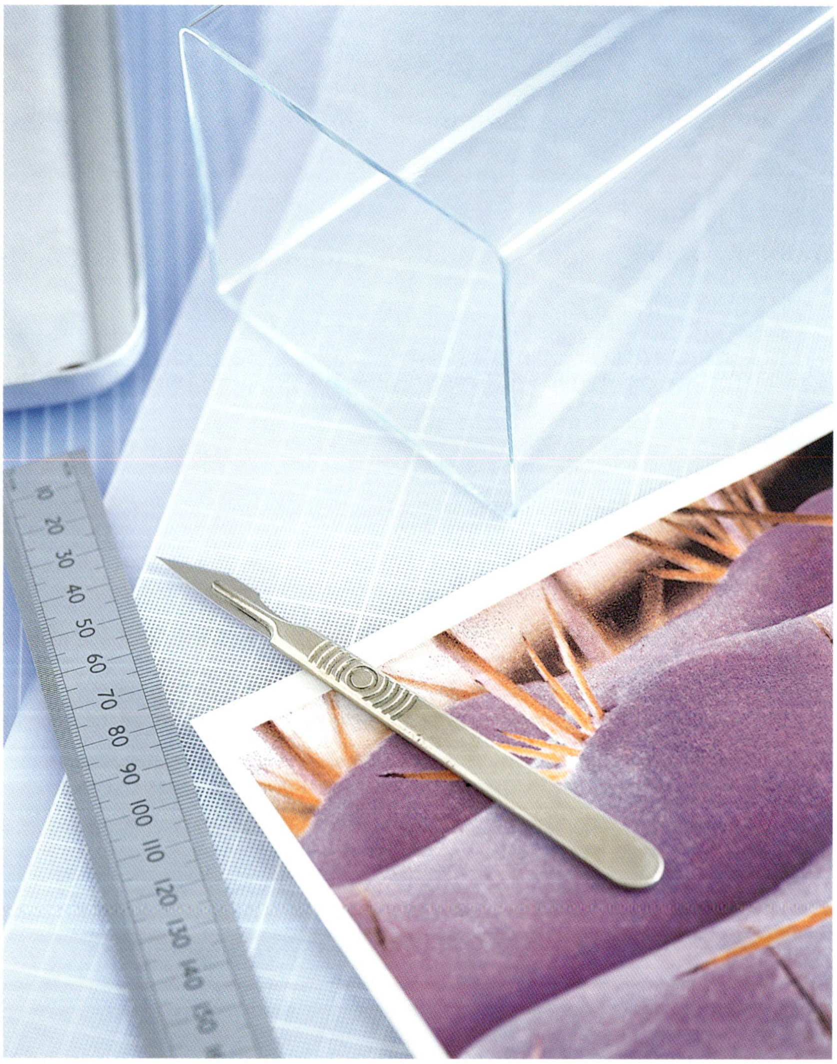

3 Wenn die Vase fertig ist, lassen Sie sie 24 Stunden trocknen. Dann stellen Sie sie für etwa 10 Minuten in den Backofen (180° C), bis die Transfer-Bilder schmelzen und zu einer Glasur aushärten. Auf diese Weise werden die Bilder fixiert, aber auch wasser- und kratzfest.

Sie können Nahaufnahmen von nahezu jeder Pflanze verwenden. Gute Alternativen sind Bambus und Riedgras, wie die Abbildung unten zeigt. Ihre strukturellen Eigenschaften ergeben auffallend schöne Vasen.

2 Wenn das Transfer-Papier lang genug eingeweicht ist, nehmen Sie es vorsichtig aus dem Wasser und legen es mit der Vorderseite nach unten auf Küchenpapier, um überschüssiges Wasser auf der Oberfläche aufzusaugen.

Legen Sie die Vase auf etwas Zeitungspapier. Mit Zeigefinger und Daumen schieben Sie die Papierrückseite leicht vom oberen Rand weg und legen das Transfer-Bild mit der Vorderseite nach oben (klebende Seite nach unten) entlang des oberen Vasenrands auf. Passen Sie die Position des Bildes sehr vorsichtig an, da Transfer-Papier schnell einreißt. Sorgen Sie dafür, dass der obere Rand des Bildes genau am Rand der Vase ausgerichtet ist. Dann halten Sie die Papierrückseite mit einer Hand fest, während Sie das Transfer-Bild mit der anderen Hand nach unten drücken, und ziehen die Papierrückseite langsam unter dem Transfer-Bild weg. Mit einem weichen Tuch entfernen Sie Luftblasen, die sichtbar werden, wenn die Folie aufgebracht wird. Hartnäckige Blasen werden mit einer Nadel aufgestochen. Dann entfernen Sie die Luft, indem Sie leicht mit den Fingern darüber streichen.

Wenn die Vorderseite der Vase fertig ist, drehen Sie sie um und wiederholen die Prozedur auf der nächsten Seite. Wenn Sie sich dafür entschieden haben, das Transfer-Bild um mehr als eine Vasenseite herum zu wickeln, müssen Sie an den Ecken besonders vorsichtig vorgehen.

Nichts ist so, wie es scheint, bei dieser originellen Glasvase. Hier wurden Transfer-Bilder von Goldfischen für ein lustiges Design verwendet. Die Fischbilder sind recht diffizil, und beim Ausschneiden werden Sie vielleicht feststellen, dass diese Aufgabe gar nicht so einfach ist – aber das Ergebnis wird die Mühe allemal wert sein.

Vielleicht setzen Sie das Thema im Inneren der Vase fort, indem Sie einige Bilder von Kieselsteinen auf dem Boden der Vase anbringen. Oder Sie könnten an den Seiten der Vase Wasserpflanzen hinzufügen. Lassen Sie Ihrer Fantasie freien Lauf, bis Sie mit dem Entwurf wirklich zufrieden sind. Aber achten Sie darauf, dass sie nicht zu viele Bilder anbringen, da sie sonst möglicherweise von den Blumen ablenken, die Sie in die Vase stellen wollen.

Hier habe ich die Vase zur Hälfte mit Wasser gefüllt und leuchtend orangefarbene Amaryllis hineingestellt. Sieht es nicht skurril aus, wie die Fische um die Blumenstängel herum schwimmen? Das Ganze sieht ebenso gut aus, wenn Sie die Vase nur mit Wasser füllen und darauf ein paar Blütenknospen treiben lassen.

Goldfischvase

Material

Bilder von 2 Goldfischen (Seite 88)
Farbkopierer
Lazertran-Transfer-Papier
Skalpell und Schneidunterlage oder eine Schere
kugelförmige Glasvase
Kreppband
eine flache Schüssel
Schwamm
Küchenpapier
Backofen

Technik

Einfaches Nassverfahren mit Transfer-Papier (Seite 10)

1 Kopieren Sie beide Goldfischbilder mit dem Farbkopierer auf die glänzende Seite des Transfer-Papiers. Stellen Sie die Tonerdichte beim Kopiergerät hoch ein – dadurch wirken die Bilder kräftiger, wenn sie auf das Glas übertragen werden. Um Transfer-Papier auf einer nicht absorbierenden glänzenden Oberfläche wie Glas aufzubringen, ist nur der Kleber auf der Rückseite des Papiers erforderlich. Bevor Sie mit dem Übertragen der Bilder beginnen, reinigen Sie die Oberfläche, um alle Fettspuren zu entfernen. Schneiden Sie Ihre Transfer-Bilder vorsichtig mit dem Skalpell oder mit der Schere aus.

3 Wenn die Vase fertig ist, lassen Sie sie 24 Stunden trocknen. Dann kann sie für etwa 10 Minuten in den Backofen (180° C) gestellt werden, bis die Transfer-Bilder schmelzen und zu einer Glasur aushärten. Dadurch werden die Bilder fixiert und wasserfest.

Sie können auch weitere Fische oder andere Bilder wie Kieselsteine hinzufügen. Das unten abgebildete Foto mit Kieselsteinen wurde im Vaseninnern angebracht, was durch eine enge Vasenöffnung erschwert werden kann. Solch komplizierte Arbeiten erledigt man am besten in zwei oder vier Teilen. Schneiden Sie um die Kieselsteine herum und legen Sie die Bilder nacheinander zusammen – es macht nichts, wenn sie sich leicht überlappen.

2 Markieren Sie die Stellen, an denen Sie die Goldfische in Position bringen wollen, indem Sie sie vorläufig mit Kreppband auf der Vasenoberfläche festkleben. Wenn Sie mit der Position zufrieden sind, legen Sie die Bilder mit der Vorderseite nach unten in eine flache Schüssel mit lauwarmem Wasser; alternativ können Sie sie einzeln mit dem nassen Schwamm anfeuchten. Lassen Sie das Kreppband auf der Vase kleben, um die Stellen für die Transfer-Bilder zu markieren. Das Papier wird sich leicht einrollen. Lassen Sie die Bilder jedoch noch einige Minuten einweichen, bis das Papier weniger undurchsichtig ist.

Nehmen Sie das erste Transfer-Bild vorsichtig aus der Schüssel und legen Sie es mit der Vorderseite nach unten auf etwas Küchenpapier, um es zu trocknen. Stellen Sie die Vase vor sich hin, nehmen Sie das Bild und verschieben Sie die Papierrückseite ein wenig mit Zeigefinger und Daumen. Bringen Sie das Bild (Vorderseite oben, klebende Seite unten) auf der Vase in Position. Dann ziehen Sie die Papierrückseite vorsichtig unter dem Transfer-Bild weg und passen die Lage des Bildes, falls nötig, an. Luftblasen entfernen Sie mit den Fingern. Wiederholen Sie das Ganze mit dem zweiten Fischbild.

Verleihen Sie mit diesem schön dekorierten Kunststoffbehälter für Kosmetiktücher Ihrem Raum eine persönliche Note: eine moderne Alternative zu den üblichen Hüllen. Wählen Sie ein Design, das dem Raumdekor entspricht oder die anderen Artikel auf Ihrer Kommode ergänzt.

Sie könnten ein einzelnes Bild auf allen Seiten der Box wiederholen oder eine Reihe von verschiedenen Bildern verwenden. Fotografieren Sie beispielsweise Ihre Lieblingsflakons und übertragen Sie das Ergebnis auf die Seiten des Behälters, wie es das hier abgebildete Beispiel zeigt. Ich habe einen einfachen antiken Flakon wegen seiner eleganten Linien ausgewählt, aber Sie könnten auch Bilder von Flakons verwenden, die auf Ihrer Kommode stehen. Oder Sie benutzen Fotos von Schmuck oder Lippenstiften und Make-up-Pinseln.

Sie könnten auch noch einen Schritt weiter gehen und andere Behälter dekorieren, beispielsweise eine Spielzeugkiste oder eine nützliche Box für den Schreibtisch.

Box für Kosmetiktücher

Material

4 quadratische Bilder von Flakons (Seite 92)
Farbkopierer
Lazertran-Transfer-Papier
Skalpell, Metalllineal und Schneidunterlage oder eine Schere
Kunststoffbox, gereinigt
große, flache Schüssel
Küchenpapier
ein weiches Tuch
Klarlackspray

Technik

Einfaches Nassverfahren mit Transfer-Papier (Seite 10)

1

Ihre Kunststoffbox muss etwas größer sein als die Schachtel mit den Kosmetiktüchern, sodass diese hineinpasst. Wenn Sie die Bilder ausgewählt haben, vergrößern oder verkleinern Sie sie, bis sie etwas größer als eine Seitenfläche des Behälters sind. Kopieren Sie dann die Bilder mit dem Farbkopierer auf die glänzende Seite des Transfer-Papiers.

Schneiden Sie überschüssiges Papier von den Transfer-Bildern ab. Passen Sie dabei auf, weil Transfer-Papier sehr dünn ist und leicht reißen kann.

Um Transfer-Papier auf einer nicht absorbierenden glänzenden Oberfläche wie Kunststoff aufzubringen, ist nur der Kleber auf der Rückseite des Papiers erforderlich. Legen Sie eins der zugeschnittenen Bilder mit der Vorderseite nach unten in eine große flache Schüssel mit lauwarmem Wasser, und lassen Sie es einweichen. Das Papier wird sich leicht einrollen, aber Sie sollten es noch ein paar Minuten im Wasser lassen, bis es weniger undurchsichtig ist.

2 Nehmen Sie das erste Transfer-Bild aus dem Wasser und legen Sie es mit der Vorderseite nach unten auf Küchenpapier, um es zu trocknen. Legen Sie die Box vor sich hin. Verschieben Sie nun vorsichtig mit Zeigefinger und Daumen die Papierrückseite an einer Seite und legen Sie das Bild (Vorderseite oben, klebende Seite unten) mittig auf die Seitenfläche des Behälters.

Halten Sie die Papierrückseite mit einer Hand fest und drücken Sie das Transfer-Bild mit der anderen nach unten, wobei Sie die Papierrückseite leicht unter dem Bild her wegschieben. Entfernen Sie Luftblasen mit einem weichen trockenen Tuch oder mit den Fingern. Schneiden Sie mit einem Skalpell an den Kanten der Box entlang, um überstehende Ränder des Transfer-Papiers sauber zu entfernen.

Wiederholen Sie das Verfahren, um die übrigen drei Seiten des Behälters abzudecken, und lassen Sie ihn dann 24 Stunden trocknen. Wenn die Transfer-Bilder ganz trocken sind, sprühen Sie die Box mit Klarlack ein, um sie vor Kratzern zu schützen.

3 Sie können die Idee, auf der dieses Projekt beruht, auch für andere Behälter übernehmen. Ein einfaches Gefäß für Make-up beispielsweise sieht mit Bildern von Lippenstiften und Pinseln dekoriert sehr attraktiv aus.

Eine schützende Schicht Klarlack ist immer nützlich, vor allem, wenn die Box oft in Gebrauch ist.

Dieses Projekt lässt sich ebenso gut mit einem Metall- wie auch einem Kunststofftablett durchführen, aber am wirkungsvollsten ist dabei ein heller Hintergrund, da er einen schönen Kontrast zu den übertragenen Bildern liefert. Weil Transfer-Papier dünn ist, wirken die Bilder durchsichtig. Dieses Charakteristikum kann genutzt werden, um einen gemusterten oder strukturierten Hintergrund, hier das Holz des Tabletts, in den hellsten Bildbereichen durchscheinen zu lassen. In diesem Fall nimmt das weiße Hemd des Mannes die Farbe und Maserung des Holzes an. Die warmen Töne passen gut zu den Originalfarben des Fotos, wodurch eine Sepiawirkung entsteht.

Für dieses Projekt habe ich eine Serie von vier Bildern ausgewählt, aber auch die Wiederholung eines Bildes ist sehr effektvoll. Die Bilder können säuberlich in Rechteckform in der Mitte des Tabletts angeordnet werden, wie es das Foto zeigt. Es wäre jedoch genauso interessant, sie in einer geraden Reihe zu positionieren, sodass die Aufmerksamkeit auf die Bewegungsfolge auf den Fotos gelenkt wird.

Oder Sie lassen Ihrer Fantasie freien Lauf und verwenden übereinander angeordnete Bilder unterschiedlicher Größe, um das gesamte Tablett abzudecken.

Tablett

Material

4 Fotos (Seite 91)
Farbkopierer
Lazertran-Transfer-Papier
Skalpell, Metalllineal und Schneidunterlage oder eine Schere
Holztablett
Lineal
Kreppband
2 flache Schüsseln
reines Terpentin
einen kleinen Schwammroller
Küchenpapier
weiches trockenes Tuch
Sprühflasche
evtl. Klarlackspray

Technik

Transfer-Papier für das Nassverfahren mit Terpentin (Seite 10)

1 Wählen Sie zunächst eine aus vier Fotos bestehende Serie aus. Hier wurden Fotos eines Kochs verwendet, der sein Mittagessen zu sich nimmt.

Da bei dieser Technik Terpentin verwendet wird, sollten Sie alte Kleidung oder eine Schürze tragen und dafür sorgen, dass der Raum gut belüftet ist. Kopieren Sie die ausgewählten Bilder auf die glänzende Seite des Transfer-Papiers. Schneiden Sie alle vier Bilder mit dem Skalpell oder mit der Schere auf dieselbe Größe zu. Messen Sie mit einem Lineal aus, wo die Bilder platziert werden sollen, sodass sie sich genau in der Mitte des Tabletts befinden. Die vier Bilder werden Kante an Kante aufgebracht, wodurch ein großes Rechteck entsteht.

3

Wiederholen Sie das Transferverfahren mit den übrigen drei Bildern. Wenn sich die Bilder an der richtigen Stelle befinden und alle Luftblasen entfernt sind, lassen Sie das Tablett am besten über Nacht trocknen. Sie werden dann feststellen, dass die Transfer-Bilder zu schmelzen beginnen und sich in die Oberfläche einbetten.

Wenn die Transfer-Bilder fast trocken sind, können Sie beurteilen, wie gut sie fixiert wurden. Falls nötig, sprühen Sie sie mit einem feinen Terpentinnebel ein, um den Prozess abzuschließen. Eine Sprühflasche ist zu diesem Zweck ideal. Achten Sie darauf, dass Sie nicht zu viel Terpentin auftragen, da die Bilder sich sonst zersetzen.

Falls Sie das Tablett regelmäßig benutzen möchten, ist es ratsam, eine dünne Schicht Klarlackspray aufzutragen, da dies die Transfer-Bilder vor Kratzern schützt. Tragen Sie den Lack auf, bevor Sie das Kreppband von der Tablettoberfläche entfernen.

2

Wenn Sie ausgemessen haben, wohin die vier Bilder übertragen werden sollen, kleben Sie Kreppband um alle vier Seiten der Collage herum, sodass in der Mitte des Tabletts ein leerer Bereich bleibt, in dem die Bilder später platziert werden. Dann legen Sie die Bilder einzeln nacheinander in eine flache Schüssel mit lauwarmem Wasser. Die Kanten werden sich kräuseln, aber das Bild sollte noch ein paar Minuten länger einweichen, bis es weniger undurchsichtig ist.

Unterdessen gießen Sie etwas reines Terpentin in eine zweite flache Schüssel und bringen mit einem Schwammroller eine dünne Schicht Terpentin auf die Mitte des Tabletts auf. Nehmen Sie die Transfer-Bilder aus dem Wasser und legen Sie sie (Vorderseite unten) auf Küchenpapier, um sie zu trocknen. Mit Zeigefinger und Daumen schieben Sie das Hintergrundpapier leicht ab und bringen das erste Bild (Vorderseite oben, klebende Seite unten) in Position. Schieben Sie die Papierrückseite vorsichtig unter dem Bild weg, während Sie Blasen mit einem weichen trockenen Tuch glätten.

Da Transfer-Bilder leicht einreißen und schnell am Terpentin festkleben, sollten Sie sehr vorsichtig sein, wenn die Position angepasst werden muss, damit das Bild nicht beschädigt wird.

Lampenschirm

Wenn Sie sich in der Natur umsehen, um Inspirationen für Ihre Projekte zu finden, halten Sie am besten nach harmonischen Farbkombinationen Ausschau. Herbstliche Farben können eine wunderbare Wirkung entfalten. Die skelettartig geäderten Blätter, die für dieses Projekt verwendet wurden, sind zart wie ein Spinnennetz. Sie müssen glücklicherweise aber nicht bis zum Herbst warten, um schöne Blätter zu sammeln, da sie in den meisten Geschäften für Hobbybedarf und in Geschenkboutiquen in kleinen Packungen erhältlich sind.

Die in diesem Projekt erläuterte Technik zum Dehnen von Papier ist notwendig, wenn Sie die Transfer-Bilder für das Nassverfahren auf Papier verwenden; sie verhindert, dass sich das Papier kräuselt, wenn das nasse Bild aufgetragen wird. Das Verfahren ist im Grunde sehr einfach, aber etwas Vorbereitung ist erforderlich.

Für die Dehnung des Papiers wird gummiertes Klebeband eingesetzt, das beim Anfeuchten klebrig wird. Es wird verwendet, um feuchtes Papier auf Karton zu befestigen und trocknet so schnell wie das Papier, während durch den Karton alles glatt gehalten wird.

Material

Skalpell, Metalllineal und Schneidunterlage
einen Bogen starkes Aquarellpapier
ein zylindrisches Lampenschirmgestell aus Draht
großes Holzbrett
gummiertes Klebeband
Schwamm
Blattskelett (oder siehe Seite 86)
Farbkopierer
Lazertran-Transfer-Papier
2 kleine Schüsseln
PVA-Kleber (Weißleim), zu 50% wasserverdünnt
Pinsel
Küchenpapier
weiches, trockenes Tuch
doppelseitiges Klebeband
Feuer hemmender Spray

Technik

Nassverfahren mit Transfer-Papier und Kleber (Seite 10)

1

Da bei dieser Technik PVA-Kleber verwendet wird, sollten Sie bei der Arbeit alte Kleidung oder eine Schürze tragen. Zuerst schneiden Sie mit Hilfe von Skalpell und Metalllineal das Aquarellpapier so zu, dass es etwa 2 cm größer ist, als zum Umwickeln des Lampenschirmrahmens erforderlich ist.

Dann dehnen Sie das Papier: Dazu legen Sie es auf ein großes Holzbrett, wobei sich um das Papier mindestens ein Rand von 10 cm befinden sollte. Dann feuchten Sie die klebende Seite des gummierten Bands an und kleben es fest entlang der Papierkanten auf (sodass etwa 2 cm des Rands abgedeckt sind). Das gummierte Band fixiert das Papier auf dem Brett. Mit dem Schwamm feuchten Sie das Papier und das Klebeband an. Das Papier wird sich kräuseln, aber das ist richtig.

Lassen Sie das Papier über Nacht liegen – es wird am Morgen wieder völlig glatt sein. Inzwischen denken Sie sich ein Design für den Lampenschirm aus.

2 Berechnen Sie, wie viele Blätter Sie für den gesamten Lampenschirm brauchen, und versuchen Sie, sie alle auf einem Bogen Papier unterzubringen – Sie könnten dafür Computer und Scanner einsetzen oder die Blätter mehrmals fotokopieren, ausschneiden und sie auf ein leeres Blatt Papier kleben.

Sie können die Farbe der Blätter nach Wunsch ändern: Scannen Sie die Bilder der Blätter ein und manipulieren Sie die Farbe mit einer Bildbearbeitungs-Software. Geringfügige Änderungen lassen sich auch mit einem Farbkopierer erzielen. Kopieren Sie dann den Papierbogen mit den Blättern auf die glänzende Seite des Transfer-Papiers.

Schneiden Sie die Blätter vorsichtig mit dem Skalpell auf der Schneidunterlage aus. Gießen Sie PVA-Kleber, zu 50 % mit Wasser verdünnt, in eine kleine Schüssel und pinseln Sie eine dünne Schicht auf das Papier.

3 Legen Sie ein paar Blätter in eine Schüssel mit lauwarmem Wasser und lassen Sie sie ein paar Minuten einweichen, bis das Papier leicht durchsichtig ist und sich einrollt. Nehmen Sie die Transfer-Bilder einzeln aus dem Wasser und legen Sie sie mit der Vorderseite nach unten auf etwas Küchenpapier, um sie zu trocknen. Mit Zeigefinger und Daumen schieben Sie die Papierrückseite ab und bringen die Spitze des Blatts (Vorderseite oben, Klebeseite unten) auf dem klebrigen Papier in Position. Schieben Sie dann die Papierrückseite langsam unter dem Transfer-Bild weg. Entfernen Sie Luftblasen mit den Fingern, um sicherzustellen, dass das Bild gut haftet. Stechen Sie hartnäckige Blasen mit einer Nadel ein und entfernen Sie die Luft mit einem weichen, trockenen Tuch oder mit den Fingern. Wiederholen Sie das Ganze mit den übrigen Blättern und lassen Sie alles gut trocknen.

Danach schneiden Sie das gummierte Klebeband mit Skalpell und Metalllineal an den vier Kanten des Papierbogens ab. Legen Sie den Bogen mit der Vorderseite nach unten auf den Tisch und legen Sie den Lampenschirm aus Draht darauf. Dann wickeln Sie das Papier um den Rahmen herum und verbinden die Naht mit doppelseitigem Klebeband. Aus Sicherheitsgründen sprühen Sie den Lampenschirm innen und außen mit Feuer hemmendem Spray ein.

Vergessen Sie langweilige Etiketten auf Ihren Vorratsdosen in der Küche und nehmen Sie stattdessen Bilder. Solch eine Dose kann wohl nichts anderes enthalten als die köstlichsten Kekse! Dieses Projekt ist ideal, um Dosen und damit die gesamte Küche attraktiver zu gestalten.

Da Keksdosen besonders bei kleinen Kindern beliebt sind, sollte man das Transfer-Bild wasserfest und praktisch kratzfest machen, was im Backofen geschieht.

Keksdose

Wählen Sie eine Dose ohne Gummidichtung im Deckel, da diese im Backofen schmelzen würde. Sie könnten aber auch nur die Dose selbst dekorieren und den Deckel ungeschmückt lassen.

Dieselbe Idee lässt sich auf andere Behälter übertragen, beispielsweise auf eine Kaffee- oder Teedose. Wenn Sie die Fotos als Etiketten verwenden wollen, sollten Sie Bilder mit Symbolgehalt auswählen. Oder Sie entscheiden sich für einen Text – schließlich wollen Sie nicht nach der Zuckerdose greifen und stattdessen den Behälter mit Salz in die Hände bekommen!

Material

Bilder von Keksen (Seite 89)
Farbkopierer
Lazertran-Transfer-Papier
Skalpell und Schneidunterlage oder eine Schere
flache Schüssel
Keksdose aus Metall, gereinigt
weiches Tuch
Küchenpapier
Backofen

Technik

Einfaches Nassverfahren mit Transfer-Papier (Seite 10)

1 Fotokopieren Sie zunächst den Keksstapel sowie einen einzelnen Keks, um sicherzustellen, dass die Bilder auf die Dosenseite und auf den Deckel richtig passen. Stellen Sie die Tonerstärke hoch ein und kopieren Sie die Bilder mit dem Farbkopierer auf die glänzende Seite des Transfer-Papiers – so wirken die Bilder kräftiger, wenn sie auf Metall übertragen werden. Drucken Sie einige Kekse mehr, falls Ihnen Fehler unterlaufen, und schneiden Sie sie mit dem Skalpell oder mit einer Schere aus.

2

Nach dem Ausschneiden legen Sie die Bilder mit der Vorderseite nach unten in eine flache Schüssel mit lauwarmem Wasser, und lassen Sie sie einweichen. Das Papier wird sich leicht einrollen, die Bilder sollten jedoch noch ein paar Minuten im Wasser bleiben, bis sie etwas durchsichtiger sind. Nach dem Einweichen nehmen Sie die Transfer-Bilder vorsichtig aus dem Wasser und legen sie mit der Vorderseite nach unten auf etwas Küchenpapier, um sie zu trocknen.

3

Legen Sie die Metalldose seitwärts auf ein weiches Tuch, damit sie nicht umher rollt, wenn Sie das Transfer-Bild positionieren. Schieben Sie die Papierrückseite vorsichtig ein wenig unter dem großen Transfer-Bild weg und bringen Sie es (Vorderseite oben, Klebeseite unten) auf der Seite der Keksdose in Position. Denken Sie daran, dass das Bild verrutschen könnte. Wenn das Bild an Ort und Stelle ist, entfernen Sie Luftblasen vorsichtig mit einem weichen Tuch. Verfahren Sie ebenso mit dem Bild des einzelnen Plätzchens, das auf den Deckel übertragen wird.

Lassen Sie die beiden Bilder etwa 24 Stunden trocknen. Dann stellen Sie die offene Dose etwa 10 Minuten in den heißen Backofen (180° C), bis die Transfer-Bilder schmelzen, sodass sie völlig wasserabweisend und nahezu kratzfest werden.

Ut seritur, ita
metitur
Si tu vales, ego
gaudeo
IMPERIUM
OCEANO,
FAMAM QUI
TERMINET
ASTRIS

Natürliche Materialien verfügen über eine schlichte Schönheit, die die meisten Interieurs attraktiv macht. Zünden Sie die Kerzen in diesem würfelförmigen Kerzenhalter an, und beobachten Sie die Schattenspiele im Raum.

Die lateinischen Worte auf den Seiten des Kerzenhalters sehen aus, als seien sie in die Steinoberfläche gemeißelt worden, doch dies ist nicht der Fall. Durch die Übertragung von Bildern auf den Stein können Sie ganz leicht eine frappierende Ähnlichkeit mit einer Gravur erzielen. Versuchen Sie jedoch, einen hellen Stein zu finden, da dies die Lesbarkeit des Textes verbessert.

Manche Steinarten sind ziemlich rau, sodass das Auftragen einer leichten Terpentinschicht erforderlich ist, um sicherzugehen, dass das Transfer-Bild fest an der Oberfläche haftet; diese Technik ist aber sehr einfach.

Da der Kerzenhalter vier Seiten hat, könnten Sie Texte wählen, die verschiedene Stimmungen ausdrücken, etwa Zitate, Redensarten oder Sprichwörter. Zünden Sie einfach die Kerze an und drehen Sie den Kerzenhalter so, dass die Seite sichtbar wird, die Ihrer jeweiligen Stimmung am meisten entspricht.

Kerzenhalter aus Stein

Material

lateinische Zitate (Seite 93)
Farbkopierer
Lazertran-Transfer-Papier
Skalpell, Metalllineal und Schneidunterlage oder eine Schere
zwei flache Schüsseln
Küchenpapier
reines Terpentin
kleiner Schwammroller
würfelförmiger Kerzenhalter aus Stein
weiches Tuch
Sprühflasche

Technik

Transfer-Papier für das Nassverfahren mit Terpentin (Seite 10)

1

Wählen Sie eine attraktive Schrift aus und schreiben Sie die Wörter nieder, die auf dem Kerzenhalter erscheinen sollen. Die hier verwendeten lateinischen Sätze lauten *imperium Oceano, famam qui terminet astris* (aus der Äneis), was bedeutet »Das Reich das Ozeans, dessen Ruhm sich bis zu den Sternen erstreckte«; *si tu vales, ego gaudeo* mit der Bedeutung »Wenn es dir gut geht, freue ich mich« und *ut seritur, ita metitur,* was heißt »Man erntet, was man sät«.

Da bei dieser Technik Terpentin verwendet wird, sollten Sie bei der Arbeit alte Kleidung oder eine Schürze tragen und dafür sorgen, dass der Raum gut gelüftet wird. Bringen Sie die ausgewählten Zitate auf einem Bogen Papier in Position und fotokopieren Sie ihn auf die glänzende Seite des Transfer-Papiers. Stellen Sie mehrere Kopien her für den Fall, dass Ihnen Fehler unterlaufen. Mit Skalpell und Metalllineal oder mit der Schere schneiden Sie um den Text herum, sodass die einzelnen Sätze jeweils auf eine Seite des Kerzenhalters passen.

2 Wenn Sie sich für die Position des Textes entschieden haben, geben Sie das erste Transfer-Bild in eine flache Schüssel mit lauwarmem Wasser. Das Papier wird sich einrollen, aber Sie sollten es noch einige Minuten einweichen lassen, bis es weniger undurchsichtig ist. Nehmen Sie das Transfer-Bild heraus und legen Sie es (Vorderseite unten) auf Küchenpapier, um überschüssiges Wasser zu entfernen. Unterdessen gießen Sie etwas reines Terpentin in eine andere Schüssel und tragen es mit dem Schwammroller auf eine Seite des Kerzenhalters auf.

3 Nehmen Sie das Transfer-Bild vom Küchenpapier und verschieben Sie die Papierrückseite leicht mit Zeigefinger und Daumen. Legen Sie das Transfer-Bild (Vorderseite oben, Klebeseite unten) auf die mit Terpentin eingestrichene Oberfläche, und schieben Sie die Papierrückseite vorsichtig unter dem Bild weg. Wenn der Text an der richtigen Stelle ist, verwenden Sie ein weiches Tuch, um sicherzugehen, dass das Bild flach aufliegt und keine Luftblasen aufweist. Lassen Sie es flach liegen und trocknen. Das Transfer-Bild beginnt mit der Oberfläche zu verschmelzen.

Da die Steinoberfläche ziemlich rau ist, gießen Sie etwas Terpentin in eine Pumpflasche und sprühen den Text leicht ein. Sprühen Sie nicht aus zu großer Nähe auf den Text, da das Transfer-Bild durch zu viel Terpentin zerstört wird. Wiederholen Sie die Schritte 2 und 3 mit den übrigen Transfer-Bildern.

Tischsets sind ideal für Transfer-Bilder geeignet – sie sind flach, lassen sich leicht bearbeiten und sehen auf dem gedeckten Tisch gut aus. Man kann fertig zugeschnittene Tischsets in verschiedenen Formen kaufen oder sie selbst herstellen. Die Prozedur des Ätzens, die bei diesem Projekt angewandt wird, ist sehr einfach, und eine Lackschicht, die als Abschluss aufgetragen wird, schützt die Sets für viele Jahre.

Das einfache Design einer gepressten Blume ist eine

Tischset mit Blumen

ideale Möglichkeit, den »Garten ins Haus zu holen«; oder es handelt sich bei Ihrem Motiv um eine Erinnerung an eine Blume, die Sie gepflanzt oder geschenkt bekommen haben. Statt ein einzelnes Motiv auf allen sechs Sets zu wiederholen, könnten Sie sechs ähnliche Bilder auswählen, die einander ergänzen, etwa sechs Blumen oder sechs verschiedene Blätter. Sie könnten das Set auch mit einer passenden Servierunterlage und einigen Glasuntersetzern ergänzen.

Material

6 Tischsets
helle Farbgrundierung
2 Probetöpfchen mit schnell trocknender Wasserfarbe
Flachpinsel, ca. 2,5 cm breit
eine gepresste Blume oder Bilder einer gepressten Blume (Seite 87)
Farbkopierer
Lazertran-Transfer-Papier
Skalpell und Schneidunterlage oder eine Schere
2 flache Schüsseln
reines Terpentin
Schwammroller
Küchenpapier
Sprühlack, klar

Technik

Transfer-Papier für das Nassverfahren mit Terpentin (Seite 10)

1

Da bei diesem Projekt Farbe und Terpentin verwendet werden, sollten Sie bei der Arbeit alte Kleidung oder eine Schürze tragen und dafür sorgen, dass der Raum gut belüftet ist. Tragen Sie auf alle Tischsets auf einer Seite und auf alle vier Kanten eine Schicht Grundierung auf. Wenn die Grundierung trocken ist, tragen Sie zwei Schichten schnell trocknende Wasserfarbe in der gewählten Hintergrundfarbe auf, wobei Sie die Sets zwischen den Schichten immer trocknen lassen.

2 Bringen Sie sechs Farbkopien der Blume auf einem Blatt Papier an – Sie können dazu Scanner und Computer verwenden oder die Blume sechsmal mit dem Farbkopierer kopieren, die Blumen ausschneiden und alle auf ein Blatt Papier kleben.

Kopieren Sie den Bogen mit den Bildern mit dem Farbkopierer auf die glänzende Seite des Transfer-Papiers. Schneiden Sie mit dem Skalpell oder mit der Schere vorsichtig um die Blumen auf dem Transfer-Papier herum.

3 Gießen Sie reines Terpentin in eine flache Schüssel und bereiten Sie die Oberfläche des ersten Tischsets mit Hilfe des Schwammrollers vor, indem Sie eine dünne Schicht Terpentin auf den Bereich auftragen, auf dem das Transfer-Bild positioniert werden soll.

Geben Sie das erste ausgeschnittene Bild (Vorderseite unten) in eine Schüssel mit lauwarmem Wasser; lassen Sie es darin liegen, bis es weniger undurchsichtig ist. Nehmen Sie das Transfer-Bild vorsichtig heraus. Legen Sie es (Vorderseite unten) auf Küchenpapier, um die Oberfläche zu trocknen. Verschieben Sie die Papierrückseite leicht zwischen Zeigefinger und Daumen.

4 Je nach Kompliziertheit des Bildes bringen Sie das Bild entweder mit Ihren Fingern oder der Spitze eines Skalpells mit der Vorderseite nach oben (Klebeseite nach unten) auf dem Set in Position. Entfernen Sie Luftblasen vorsichtig mit den Fingern und lassen Sie das Ganze über Nacht trocknen. Das Transfer-Bild wird mit der Oberfläche des Sets verschmelzen. Verwenden Sie nicht zu viel Terpentin, weil sonst das Bild zerstört werden könnte. Wenn das Bild getrocknet ist, tragen Sie zum Schutz eine Schicht transparenten, matten Sprühlack auf.

Kinderzeichnungen kann man auf witzige Weise präsentieren. Dieses Projekt zeigt Ihnen, wie Sie ein eher langweiliges Büro-Utensil so dekorieren können, dass Sie im Berufsalltag an Ihre Kinder erinnert werden.

Sie könnten Ihr Kind bitten, ein Selbstporträt oder ein Bild von Ihnen zu zeichnen. Oder Sie übertragen ein Bild, das Ihr Kind bereits gemalt hat.

Objekte, die von Kinderhand dekoriert wurden, sind liebenswerte Geschenke – Ihre Bekannten werden sie zu würdigen wissen! Unifarbene Mousepads, die Sie dafür benötigen, sind preiswert im Schreibwarengeschäft oder bei Lieferanten für Büromaterial erhältlich.

Die für dieses Projekt eingesetzte Technik ist einfach, aber da ein Mousepad eine absolut glatte Oberfläche haben muss, ist es wichtig, dass Sie alle Luftblasen entfernen, nachdem die Rückseite des Transfer-Papiers entfernt wurde. Wenn sich die Unterlage wellt, warten Sie, bis sie getrocknet ist, und legen Sie sie dann einige Stunden unter schwere Bücher, sodass die Computermaus später leicht über die Oberfläche gleiten kann.

Mousepad

Material

Kinderzeichnung
Farbkopierer
Lazertran-Transfer-Papier
Skalpell und Schneidunterlage oder eine Schere
großes, flaches Tablett
reines Terpentin
kleine, flache Schüssel
kleiner Schwammroller
Küchenpapier
Mousepad aus Kunststoff
Nudelholz

Technik

Transfer-Papier für das Nassverfahren mit Terpentin (Seite 10)

3 Heben Sie das Transfer-Bild vom Küchenpapier ab und verschieben Sie mit Zeigefinger und Daumen leicht die Papierrückseite, bevor Sie das Bild mit der Vorderseite nach oben (Klebeseite nach unten) auf das Mousepad legen. Schieben Sie vorsichtig die Papierrückseite unter dem Transfer-Bild weg und passen Sie die Position des Bildes an. Rollen Sie mit dem Nudelholz (nur in eine Richtung) darüber, um evtl. Luftblasen zu entfernen. Lassen Sie die Unterlage über Nacht trocknen. Das Transfer-Bild wird mit der Oberfläche des Mousepads verschmelzen.

1 Da bei diesem Projekt Terpentin verwendet wird, sollten Sie bei der Arbeit alte Kleidung oder eine Schürze tragen und darauf achten, dass der Raum gut belüftet ist. Kopieren Sie die Kinderzeichnung mit einem Farbkopierer, wobei Sie die Zeichnung evtl. vergrößern oder verkleinern, damit sie das ganze Mousepad bedeckt. Nun kopieren Sie das Bild mit dem Farbkopierer auf die glänzende Seite des Transfer-Papiers. Schneiden Sie das Transfer-Bild mit dem Skalpell auf der Schneidunterlage oder mit der Schere auf die richtige Größe zu.

2 Legen Sie das Bild in ein großes, flaches Tablet mit lauwarmem Wasser. Das Papier wird sich leicht einrollen, aber bevor Sie es herausnehmen, lassen Sie es noch ein paar Minuten einweichen, bis es weniger undurchsichtig ist. Gießen Sie etwas Terpentin in eine flache Schüssel und tragen Sie mit einem Schwammroller eine dünne Schicht Terpentin auf die Oberfläche des Mousepads auf. Nehmen Sie das Transfer-Bild vorsichtig aus dem Wasser und legen Sie es mit der Vorderseite nach unten auf Küchenpapier, um es zu trocknen.

IMPERIUM
OCEANO
FAMAM QUI
TERMINET
ASTRIS

si tu vales, ego gaudeo

ut seritur, ita metitur

Fett gedruckte Seitenzahlen beziehen sich auf Projekte; Illustrationen sind *kursiv* angezeigt.

B

Backpapier 18
Bettwäsche, gemusterte **30-33**
Beutel für Schuhe **34-37**
Bildauswahl 14
Bilder
  aneinander reihen 18
  Aufbügeltechniken 10, 18
  Bearbeitung 17-18
  Farbtöne 17
  Gardine mit Blüten **22-25**
  gemusterte Bettwäsche **30-33**
  Quellen für 14
  Rosenkissen **38-41**
  Sepiabilder 18
  Transfer-Bilder in Position bringen 18
  Transfer-Papier für das Nassverfahren 10
  überlappen 17
  umdrehen 18
Blätterbilder
  Lampenschirm **66-69**
Blumenbilder
  Gardine mit Blüten **22-25**
  Tischset mit Blumen **78-81**
  Vorlagen 87, 92
Box für Kosmetiktücher **58-61**
Buchstaben
  Kerzenhalter aus Stein **74-77**
Bügeln 13

C

Computerscanner
  Bilder umdrehen 18
  Bilder verkleinern und vergrößern 17
  Farbe ändern 17
  gemusterte Bettwäsche 32
  Lampenschirm 69
  Pasta-Schüssel 48
  Rosenkissen **38-40**
  Tischset mit Blumen 81
Copyright 14

F

Farbe
Farbfotokopien *siehe* fotokopierte Bilder
Farbtöne 17
Fische
  Goldfischvase **54-57**
  Vorlagen *88*
Fotografien
  Leinwandkunst **26-29**
  Schuhbeutel aus Leinen **34-37**
  Tablett **62-65**
fotokopierte Bilder
  Bilder verkleinern und vergrößern 17
  Box für Kosmetiktücher 60
  Farbe ändern 17
  Frühstücksteller 44
  Goldfischvase 56
  Kaktusvase 52
  Keksdose 72
  Pasta-Schüssel 48
  Schuhbeutel aus Leinen 36
  Tischset mit Blumen 81
Frühstücksteller **42-45**

G

Gardine mit Blüten **22-25**
gemusterte Bettwäsche **30-33**
Glas
  Goldfischvase **54-57**
  Kaktusvase **50-53**
gummiertes Klebeband, Papier dehnen 67, 68

H

Hintergründe, Übertragungsmethoden 13
Holz, Übertragungsmethoden 13

K

Kaktusvase **50-53**
Keksdose **70-73**
Keramiken
  Frühstücksteller **42-45**
  Pasta-Schüssel **46-49**
Kerzenhalter aus Stein **74-77**
Kinderkunst, Mousepad **82-85**
Kissen mit Rose **38-41**
Kleber, Nassverfahren für Transfer-Papier mit 10
Kunststoff
  Box für Kosmetiktücher **58-61**
  Tablett **62-65**

L

Lampenschirm **66-69**
Lebensmittel, Vorlagen 89-90
Leinen, Schuhbeutel aus **34-37**
Leinwandkunst **26-29**

M

Materialien 10-13
mehrschichtige Bilder 17
Metalle
  Keksdose **70-73**
  Tablett **62-65**
Mousepad **82-85**
Muscheln, Vorlagen *88*

O

Oberflächenfarbe, Übertragungsmethoden 13
Oberflächenstruktur, Übertragungsmethoden 13

P

Papier
  dehnen 66-69
  Lampenschirm **66-69**

Pasta-Schüssel **46-49**
Porzellan
Bilder überlappen 17
Farbtöne 17
mit Farbe betonen 18
Sepia 18
Übertragungsmethoden 13
PVA-Kleber, Transfer-Papier für das Nassverfahren mit Kleber 10

R

Rosenkissen **38-41**

S

Scanner *siehe* Computerscanner
Schuhbeutel aus Leinen **34-37**
Sepia 18
Spiegelbilder 18
Stein
Kerzenhalter aus Stein **74-77**
Übertragungsmethoden 13
Stoffe
Gardine mit Blüten **22-25**
gemusterte Bettwäsche **34-37**
Leinwandkunst **26-29**
Pflege 13
Rosenkissen **38-41**
Schuhbeutel aus Leinen **34-37**
Übertragungsmethoden 10-13
Struktur, Übertragungsmethoden 13

T

Tablett **62-65**
Terpentin, Transfer-Papier für das Nassverfahren mit 10
Tischset mit Blumen **78-81**
Transfer-Bilder
Position anpassen 18
Übertragungsmethoden 10-13
Transfer-Papier 10
zum Aufbügeln 10
für das einfache Nassverfahren 10
Transfer-Papier für das Nassverfahren mit Kleber 10 (Lampenschirm **66-69**)
Transfer-Papier für das Nassverfahren mit Terpentin 10 (Kerzenhalter aus Stein **74-77**), (Mousepad **82-85**) (Tischset mit Blumen **78-81**), (Tablett **62-65**)
Transfer-Papier für das Nassverfahren zum Aufbügeln 10
Transferpaste 13
Schuhbeutel aus Leinen **34-37**

U

Überlappen von
Bildern 17
Rosenkissen **38-41**
Unterlagen
Mousepad **82-85**
Tischset mit Blumen **78-81**

V

Vasen
Goldfischvase **54-57**
Kaktusvase **50-53**
Vorlagen *86-93*
Vorratsdosen **70-73**

Die englische Originalausgabe
erschien unter dem Titel *Transferred*
von Isabel de Cordova

Aus dem Englischen übersetzt von:
Beate Gorman, Cleveland, Australien
Satz der deutschen Ausgabe:
Thomas Heider, D-Bergisch Gladbach

Die Deutsche Bibliothek –
CIP-Einheitsaufnahme

de Cordova, Isabel:
Transfer-Bilder : Deko-Ideen mit
originellen Motiven /
Isabel de Cordova. Übers.: Beate
Gorman. – Bern ; Stuttgart ; Wien :
Haupt, 2002
Einheitssacht.: transferred <dt.>
ISBN 3-258-06425-3

Danksagung der Autorin

Dieses Buch ist meiner Mutter Gillian de Cordova gewidmet.

Ein großes Dankeschön geht an meine Familie und Freunde, die mir bei der Erstellung dieses Buchs unschätzbare Hilfe haben zukommen lassen. Ich möchte mich auch für die Unterstützung des Teams bei Conran Octopus bedanken, das mir somit die Gelegenheit gegeben hat, mein erstes Buch zu veröffentlichen.

Bezugsquellen

In den meisten Geschäften für Bastel- und Hobbybedarf sind Leinwand, Terpentin, PVA-Kleber und Sprühlack erhältlich; Transfer-Papier für das Nassverfahren und Transferpaste sind in deutschsprachigen Ländern noch nicht so bekannt und müssen eventuell direkt in Großbritannien bestellt werden. Ansonsten können Sie den Hersteller kontaktieren und nach einem Geschäft in Ihrer Nähe fragen, das die Produkte führt.

Lazertran Ltd
(Transfer-Papier für das Nassverfahren)
8 Alban Square
Aberaeron
Dyfed SA46 0AD
Tel: 01545 571149
Website: www.lazertran.com
E-Mail: mic@lazertran.com

Sie können Lazertran mit folgenden Druckern verwenden: Canon, Xerox, Minolta, Ricoh (aber nicht Hewlett Packard).

Dylon International Limited
(Transferpaste)
Worsley Bridge Road
Lower Sydenham
London SE26 5HD
Tel: 020 8663 4801
Website: www.dylon.co.uk

The Dover Bookshop
(Lieferant für Bilder ohne Copyright)
18 Earlham St
London WC2H 9LG
Tel: 020 7836 2111
Website: www.doverbooks.co.uk

Wohnbedarf
(für preiswerte, undekorierte Objekte für die Projekte)

Ikea
Landesweite Niederlassungen
Website: www.ikea.com

Habitat
Website: www.habitat.net

Bildnachweis

Gabel S. 1, S. 12 und S. 14 – Dover Publishing
Taschenuhr S. 15 – Dover Publishing
Bilder von Kindern (Paula und Marc Landau) S. 19, S. 26, S. 28 und S. 29 – Alistair Blair
Bettwäschemuster S. 31, S. 32 und S. 33 – Dover Publishing
Kaktus, Bambus und Riedgras S. 53 – Copyright © Octopus Publishing Group/Peter Myers
Parfümbild S. 58, S. 60 und S. 61 – Copyright © Octopus Publishing Group/Sandra Lane
Kochbilder S. 63, S. 64, S. 65 – Copyright © Octopus Publishing Group/Sandra Lane
Kinderzeichnung S. 83, S. 84 und S. 85 – Heather Dunleavy